5539.
#Ag.2.

Yf 3781

COLLECTION

DES MEILLEURS OUVRAGES

DE LA LANGUE FRANÇOISE,

DÉDIÉE

AUX AMATEURS

DE L'ART TYPOGRAPHIQUE,

OU D'ÉDITIONS SOIGNÉES ET CORRECTES.

CHEZ P. DIDOT L'AINÉ, CI-DEVANT AU LOUVRE,

PRÉSENTEMENT RUE DU PONT DE LODI.

OEUVRES

DE

J. F. REGNARD

TOME SECOND.

DE L'IMPRIMERIE ET DE LA FONDERIE
DE PIERRE DIDOT, L'AINÉ,
CHEVALIER DE L'ORDRE ROYAL DE SAINT-MICHEL,
IMPRIMEUR DU ROI ET DE LA CHAMBRE DES PAIRS,
ET JULES DIDOT FILS,
CHEVALIER DE LA LÉGION D'HONNEUR.

PARIS. MDCCCXIX.

DÉMOCRITE,

COMÉDIE

EN CINQ ACTES, ET EN VERS;

Représentée, pour la première fois,
le mardi 12 janvier 1700.

ACTEURS.

DÉMOCRITE.
AGÉLAS, roi d'Athènes.
AGÉNOR, prince d'Athènes.
ISMÈNE, princesse promise à Agélas.
STRABON, suivant de Démocrite.
CLÉANTHIS, suivante d'Ismène.
CRISÉIS, crue fille de Thaler.
THALER, paysan.
UN INTENDANT.
UN MAITRE-D'HOTEL.
Officiers du roi.
LAQUAIS.

La scène est à Athènes.

DÉMOCRITE,
COMÉDIE.

ACTE PREMIER.

Le théâtre représente un désert, et une caverne dans l'enfoncement.

SCÈNE I.

STRABON.

Que maudit soit le jour où j'eus la fantaisie
D'être valet de pied de la philosophie !
Depuis près de deux ans je vis en cet endroit,
Mal vêtu, mal couché, buvant chaud, mangeant froid.
Suivant de Démocrite, en cette solitude,
Ce n'est qu'avec les ours que j'ai quelque habitude :
Pour un homme d'esprit comme moi, ce sont gens
Fort mal morigénés, et peu divertissants.
Quand je songe d'ailleurs à la méchante femme
Dont j'étois le mari... Dieu veuille avoir son ame !
Je la crois bien défunte ; et, s'il n'étoit ainsi,
Le diable n'eût manqué de l'apporter ici.

Depuis vingt ans et plus, son extrême insolence
Me fit quitter Argos, le lieu de ma naissance :
J'erre depuis ce temps de climats en climats ;
Et j'ai dans ce désert enfin fixé mes pas.
Quelques maux que j'endure en ce lieu solitaire,
Je me tiens trop heureux d'avoir pu m'en défaire ;
Et je suis convaincu que nombre de maris
Voudroient de leur moitié se voir loin à ce prix.
Thaler vient. Le manant, pour notre subsistance,
Chaque jour, du village apporte la pitance.
Il nous fait bien souvent de fort mauvais repas ;
Il faut prendre ou laisser, et l'on ne choisit pas.

SCÈNE II.

STRABON, THALER.

THALER, *portant une sporte de jonc, et une grosse bouteille garnie d'osier.*

Bonjour, Strabon.

STRABON.

Bonjour.

THALER.

Voici votre ordinaire.

STRABON.

Bon ; tant mieux. Aujourd'hui ferons-nous bonne chère ?
Depuis deux ans je jeûne en ce désert maudit.
Un jeûne de deux ans cause un rude appétit.

ACTE I, SCÈNE II.

THALER.

Morgué, pour aujourd'hui j'ons tout mis par écuelle ;
Et c'est pis qu'une noce.

STRABON.

     Ah ! la bonne nouvelle !

THALER.

Voici dans mon panier des dattes, des pignons,
Des noix, des raisins secs, et quantité d'oignons.

STRABON.

Quoi ! toujours des oignons ? Esprit philosophique,
Que vous coûtez de maux à ce cadavre étique !

THALER.

Je vous apporte aussi cette bouteille d'iau,
Que j'ai prise en passant dans le plus clair ruissiau.

STRABON.

Une bouteille d'eau ! le breuvage est ignoble.
Ce n'est donc pas chez vous un pays de vignoble ?
Tout est-il en oignons ? n'y croît-il point de vin ?

THALER.

Oui-dà ; mais Démocrite, habile médecin,
Dit que du vin sur-tout on doit faire abstinence,
Quand on veut mourir tard.

STRABON.

     Ah ciel ! quelle ordonnance !
C'est mourir tous les jours que de vivre sans vin.
Mais laisse Démocrite achever son destin :
C'est un homme bizarre, ennemi de la vie,
Qui voudroit m'immoler à la philosophie,

DÉMOCRITE.

Me voir comme un fantôme; et, quand tu reviendras,
De grace, apporte-m'en le plus que tu pourras;
Mais du meilleur au moins, car c'est pour un malade;
Et je boirai pour toi la première rasade.
Entends-tu, mon enfant?

THALER.

Je n'y manquerai pas.

STRABON.

Où donc est Criséis qui suit par-tout tes pas?
J'aime encore le sexe.

THALER.

Elle est, morgué, gentille;
Et Démocrite...

STRABON.

Étant, comme je crois, ta fille,
Ayant de plus tes traits, et cet air si charmant,
Elle ne peut manquer de plaire, assurément.

THALER.

Oh! ce sont des effets de votre complaisance:
Mais elle n'est pas tant ma fille que l'on pense.

STRABON.

Comment donc?

THALER.

Bon! qui sait d'où je venons tretous?

STRABON.

C'est donc la mode aussi d'en user parmi vous
Comme on fait à la ville, où l'on voit d'ordinaire
Qu'on ne se pique pas d'être enfant de son père?

ACTE I, SCÈNE II.

THALER.

Suffit, je m'entends bian. Mais enfin m'est avis
Que votre Démocrite en tient pour Criséis.

STRABON.

Pour Criséis?...

THALER.

Il a l'ame un tantet férue.

STRABON.

Bon! bon!

THALER.

Je vous soutiens que je ne suis pas grue;
Je flaire un amoureux, voyez-vous, de cent pas.
Je vois qu'il est fâché quand il ne la voit pas.

STRABON.

Il est tout occupé de la philosophie.

THALER.

Qu'importe? quand on voit une fille jolie...
Le diable est bien malin, et fait souvent son coup.

STRABON.

Parbleu, je le voudrois, m'en coûtât-il beaucoup.

THALER.

Mais vous, qui près de lui passez ainsi la vie,
Que diantre faites-vous tout le jour?

STRABON.

Je m'ennuie;
Voilà tout mon emploi.

THALER.

Bon! vous vous moquez bian.

Eh! peut-on s'ennuyer lorsque l'on ne fait rian?
STRABON.
Animé d'une ardeur vraiment philosophique,
Je m'étois figuré que, dans ce lieu rustique,
Je serois affranchi du commerce des sens,
Et n'aurois pour mon corps nuls soins embarrassants;
Qu'entièrement défait de femme et de ménage
Les passions sur moi n'auroient nul avantage:
Mais je me suis trompé, ma foi, bien lourdement;
Le corps contre l'esprit regimbe à tout moment.
THALER.
Et que fait Démocrite en cette grotte obscure?
STRABON.
Il rit.
THALER.
Il rit! de quoi?
STRABON.
De l'humaine nature.
Il soutient, par raisons, que les hommes sont tous
Sots, vains, extravagants, ridicules, et fous.
Pour les fuir, tout le jour il est dans sa caverne;
Et la nuit, quand la lune allume sa lanterne,
Nous grimpons l'un et l'autre au sommet des rochers,
Plus élevés cent fois que les plus hauts clochers.
Aux astres, en ces lieux, nous rendons nos visites:
Nous voyons Jupiter avec ses satellites;
Nous savons ce qui doit arriver ici-bas;
Et je m'instruis pour faire un jour des almanachs.

ACTE I, SCÈNE II.

THALER.

Des almanachs! morgué, j'en voudrois savoir faire.

STRABON.

Eh bien! changeons d'état; ce n'est pas une affaire.
Demeure dans ces lieux, et moi j'irai chez toi.
Tu deviendras savant: tu sauras, comme moi,
Que rien ne vient de rien, et que des particules...
Rien ne retourne en rien; de plus, les corpuscules...
Les atomes, d'ailleurs, par un secret lien,
Accrochés dans le vide... Entends-tu bien?

THALER.

Fort bien.

STRABON.

Que l'ame et que l'esprit n'est qu'une même chose;
Et que la vérité, que chacun se propose,
Est dans le fond d'un puits.

THALER.

Elle peut s'y cacher;
Je ne crois pas, tout franc, que j'aille l'y chercher.

STRABON.

Mais, raillerie à part, achète mon office;
Tu pourras dès ce jour entrer en exercice:
J'en ferai bon marché.

THALER.

C'est bien l'argent, ma foi,
Qui nous arrêteroit! J'ai, si je veux, de quoi
Faire aller un carrosse, et rouler à mon aise.

DÉMOCRITE.

STRABON.

Et comment as-tu fait cela, ne te déplaise?

THALER.

Comment? je le sais bian, il suffit.

STRABON.

Mais encor?
Aurois-tu par hasard trouvé quelque trésor?

THALER.

Que sait-on?

STRABON.

Un trésor! En quel lieu peut-il être?
Dis-moi.

THALER.

Bon! queuque sot!.. Vous jaseriez peut-être.

STRABON.

Non, ma foi.

THALER.

Votre foi?

STRABON.

Je veux être un maraud,
Si...

THALER.

Vous me promettez?...

STRABON.

Parle donc au plutôt.
Est-il loin d'ici?

THALER, *tirant un riche bracelet.*

Non; le voilà dans ma poche.

ACTE I, SCÈNE II.

STRABON, *à part.*

Le coquin dans le bois a volé quelque coche.
(*à Thaler.*)
Juste ciel! d'où te vient ce bijou plein de feu?

THALER.

De notre femme.

STRABON.

Ah! ah! de ta femme? À quel jeu
L'a-t-elle donc gagné?

THALER.

Bon! est-ce mon affaire?

SCÈNE III.

DÉMOCRITE, STRABON, THALER.

THALER.

Mais Démocrite vient : motus; il faut se taire.

DÉMOCRITE, *à part.*

Suivant les anciens, et ce qu'ils ont écrit,
L'homme est, de sa nature, un animal qui rit;
Cela se voit assez : mais, pour moi, sans scrupule,
Je veux le définir animal ridicule.

STRABON, *à Thaler.*

Ce début n'est pas mal.

DÉMOCRITE, *à part.*

Il est, à tout moment,
La dupe de lui-même et de son changement.

Il aime, il hait; il craint, il espère; il projette;
Il condamne, il approuve; il rit, il s'inquiète;
Il se fâche, il s'apaise; il évite, il poursuit;
Il veut, il se repent; il élève, il détruit:
Plus léger que le vent, plus inconstant que l'onde,
Il se croit en effet le plus sage du monde;
Il est sot, orgueilleux, ignorant, inégal;
Je puis rire, je crois, d'un pareil animal.

STRABON, *à Démocrite.*

Dans ce panégyrique où votre esprit s'aiguise,
La femme, s'il vous plaît, n'est-elle pas comprise?

DÉMOCRITE.

Oui, sans doute.

STRABON.

En ce cas, je suis de votre avis.

DÉMOCRITE, *à Thaler.*

Ah! vous voilà, bon-homme? Où donc est Criséis?

THALER.

Je l'attendois ici; j'en ai le cœur en peine:
Elle s'est amusée au bord de la fontaine.
Elle tarde, cela commence à me fâcher:
Elle viendra bientôt, car je vais la chercher.

SCÈNE IV.

DÉMOCRITE, STRABON.

STRABON.

Nous sommes, dans ces lieux, à l'abri des visites

ACTE I, SCÈNE IV.

Des sots écornifleurs et des froids parasites;
Car je ne pense pas que nul d'entre eux jamais
Y puisse être attiré par l'odeur de nos mets.
Voudriez-vous tâter, dans cette conjoncture,
D'un repas apprêté par la seule nature?
(Il tire son dîner.)

DÉMOCRITE.

Toujours boire et manger! Carnassier animal,
C'est bien fait; suis toujours ton appétit brutal.
Le corps, ce poids honteux où l'ame est asservie,
T'occupera-t-il seul le reste de ta vie?

STRABON.

Quand je nourris le corps, l'esprit s'en porte mieux.

DÉMOCRITE.

Ame stupide et grasse!

STRABON.

Elle est grasse à vos yeux;
Mais mon corps, en revanche, est maigre, dont j'enrage.
Je suis las, à la fin, de tout ce badinage;
Et, si vous ne quittez les lieux où nous voilà,
Je serai bien contraint, moi, de vous planter là.
Je suis un parchemin; mon corps est diaphane.

DÉMOCRITE.

Va, fuis de devant moi; retire-toi, profane,
Puisque ton cœur est plein de sentiments si bas:
Assez d'autres, sans toi, suivront ici mes pas.
Je voulois te guérir de tes erreurs funestes,
Te mener par la main aux régions célestes,

Affranchir ton esprit de l'empire des sens:
Tu ne mérites pas la peine que je prends,
Animal sensuel, qui n'oserois me suivre!

STRABON.

Sensuel, j'en conviens; j'aime à manger pour vivre;
Mais on ne dira pas que je sois amoureux.

DÉMOCRITE.

Qu'entends-tu donc par là?

STRABON.

J'entends ce que je veux,
Et vous ce qu'il vous plaît.

DÉMOCRITE, *à part.*

Sauroit-il ma foiblesse?

(*haut.*)
Mais ce n'est pas à moi que ce discours s'adresse?

STRABON.

Êtes-vous amoureux, pour relever ce mot?

DÉMOCRITE.

Démocrite amoureux!

STRABON.

Seriez-vous assez sot
Pour donner, comme un autre, en l'erreur populaire?

DÉMOCRITE, *à part.*

Cela n'est que trop vrai.

STRABON.

Vous chercheriez à plaire,
Et feriez le galant! j'en rirois tout mon soûl.
Mais je vous connois trop; vous n'êtes pas si fou.

ACTE I, SCÈNE IV.

DÉMOCRITE, *à part.*

Que je souffre en dedans, et qu'il me mortifie!

STRABON.

Vous avez le rempart de la philosophie;
Et, lorsque le cœur veut s'émanciper parfois,
La raison aussitôt lui donne sur les doigts.

DÉMOCRITE.

Il est des passions que l'on a beau combattre,
On ne sauroit jamais tout-à-fait les abattre:
Sous la sagesse en vain on se met à couvert;
Toujours par quelque endroit notre cœur est ouvert.
L'homme fait, malgré lui, souvent ce qu'il condamne.

STRABON.

Va, fuis de devant moi; retire-toi, profane,
Puisque ton cœur est plein de sentiments si bas:
Assez d'autres, sans toi, suivront ailleurs mes pas.
Animal sensuel!

DÉMOCRITE.

   Quoi! tu crois donc que j'aime?

(*à part.*)
Je voudrois me cacher ce secret à moi-même.

STRABON.

Le ciel m'en garde! mais j'ai cru m'apercevoir
Que les filles vous font encor plaisir à voir.
Votre humeur ne m'est pas tout-à-fait bien connue,
Ou Criséis parfois vous réjouit la vue.

DÉMOCRITE.

D'accord: son cœur, novice à l'infidélité,

Par le commerce humain n'est point encor gâté :
La vérité se voit en elle toute pure ;
C'est une fleur qui sort des mains de la nature.

STRABON.

Vous avez fait divorce avec le genre humain,
Mais vous vous raccrochez encore au féminin.

DÉMOCRITE.

Tu te moques de moi. Mais Criséis s'avance.
Sur son front pudibond brille son innocence.

SCÈNE V.

CRISÉIS, DÉMOCRITE, STRABON.

CRISÉIS.

Je cherche ici mon père, et ne le trouve pas ;
Jusque assez près d'ici j'avois suivi ses pas.
Ne l'avez-vous point vu ? dites-moi, je vous prie,
Seroit-il retourné ?

DÉMOCRITE, *à part*.

Dans mon ame attendrie,
Je sens, en la voyant, la raison et l'amour,
L'homme et le philosophe, agités tour-à-tour.

STRABON.

N'avez-vous point, la belle, en votre promenade,
Donné, sans y penser, près de quelque embuscade ?
On trouve quelquefois, au milieu des forêts,

Des Silvains pétulants, des Faunes indiscrets,
Qui, du soir au matin, vont à la picorée,
Et n'ont nulle pitié d'une fille égarée.

CRISÉIS.

Jamais je ne m'égare; et, grace à mon destin,
Je ne rencontre point telles gens en chemin.
Je m'étois arrêtée au bord d'une fontaine
Dont le charmant murmure et l'onde pure et saine
M'invitoient à laver mon visage et mes mains.

STRABON.

C'est aussi tout le fard dont j'use les matins.

DÉMOCRITE.

Tu vois, Strabon, tu vois : c'est la pure nature;
Son teint n'est point encor nourri dans l'imposture;
Elle doit son éclat à sa seule beauté.

STRABON.

Son visage est tout neuf, et n'est point frelaté.

DÉMOCRITE, *à Criséis.*

Ce fard que vous prenez au bord d'une onde claire
Fait voir que vous avez quelque dessein de plaire.

CRISÉIS.

D'autres soins en ces lieux m'occupent tout le jour.

DÉMOCRITE.

Sauriez-vous, par hasard, ce que c'est...

CRISÉIS.

Quoi?

DÉMOCRITE.

L'amour.

DÉMOCRITE.

CRISÉIS.

L'amour?

STRABON.

Oui, l'amour.

CRISÉIS.

Non.

DÉMOCRITE.

Je veux vous en instruire.

(*à part.*)

Je tremble, et je ne sais ce que je vais lui dire.

STRABON, *à part, à Démocrite.*

Quoi! vous, qui raisonnez philosophiquement,
Qui parlez à vos sens impérativement,
Qui voyez face à face étoiles et planètes,
Une fille vous met en l'état où vous êtes!
Vous tremblez! Allons donc; montrez de la vigueur.

DÉMOCRITE, *à part.*

Tant de trouble jamais ne régna dans mon cœur.

(*à Criséis.*)

L'amour est, en effet, ce qu'on a peine à dire :
C'est une passion que la nature inspire,
Un appétit secret dans le cœur répandu,
Qui meut la volonté de chaque individu
A se perpétuer et rendre son espèce...

STRABON, *à part, à Démocrite.*

Pour un homme d'esprit vous parlez mal tendresse.

(*à Criséis.*)

L'amour, ne vous déplaise, est un je ne sais quoi,

ACTE I, SCÈNE V.

Qui vous prend, je ne sais ni par où ni pourquoi;
Qui va, je ne sais où; qui fait naître en notre ame
Je ne sais quelle ardeur que l'on sent pour la femme;
Et ce je ne sais quoi, qui paroît si charmant,
Sort enfin de nos cœurs, et je ne sais comment.

CRISÉIS.

Vous me parlez tous deux une langue étrangère,
Et moins qu'auparavant je connois ce mystère.
L'amour n'est pas, je crois, facile à pratiquer,
Puisqu'on a tant de peine à pouvoir l'expliquer.
Mon esprit est borné; je ne veux point apprendre
Les choses qui me font tant de peine à comprendre.

STRABON.

En exerçant l'amour, vous le comprendrez mieux.

SCÈNE VI.

AGÉLAS, ET AGÉNOR, *en habits de chasseurs;*
DÉMOCRITE, CRISÉIS, STRABON.

STRABON.

Qui peut si brusquement nous surprendre en ces lieux?

AGÉLAS, *à Agénor.*

Demeurons dans ce bois; laissons aller la chasse;
Attendons quelque temps que la chaleur se passe.
            (*Il aperçoit Criséis.*)
Mais que vois-je?

STRABON, *à part, à Démocrite et à Criséis.*

            Voilà peut-être de ces gens

Qui vont par les forêts détrousser les passants.
>> CRISÉIS, *à part, à Strabon.*

Pour moi, je ne vois rien dans leur air qui m'étonne.
>> AGÉLAS, *à Agénor.*

Approchons. Que d'appas! Ciel! l'aimable personne!
Et comment se peut-il que ces sombres forêts
Renferment un objet si doux, si plein d'attraits?
>> STRABON, *à part, à Démocrite et à Criséis.*

Tout cela ne vaut rien. Ces gens-ci, dans leur course,
Paroissent en vouloir plus au cœur qu'à la bourse.
Sauvons-nous.
>> AGÉLAS, *à Criséis.*
>>> Permettez qu'en ce sauvage endroit

On rende à vos appas l'hommage qu'on leur doit:
Souffrez...
>> DÉMOCRITE, *à Agélas.*
>>> Plus long discours seroit fort inutile.

Vous êtes égarés du chemin de la ville;
Cela se voit assez: mais, quand il vous plaira,
Dans la route bientôt Strabon vous remettra.
>> AGÉLAS.

Un cerf que nous poussons depuis trois ou quatre heures
Nous a, par les détours, conduits dans ces demeures;
Et j'ai mis pied à terre en ces lieux détournés...
>> DÉMOCRITE.

Vous êtes donc chasseurs?
>> AGÉLAS.
>>> Des plus déterminés.

ACTE I, SCÈNE VI.

DÉMOCRITE.

Ah! je m'en réjouis. Prendre bien de la peine;
Se tuer, s'excéder, se mettre hors d'haleine;
Interrompre au matin un tranquille sommeil;
Aller dans les forêts prévenir le soleil;
Fatiguer de ses cris les échos des montagnes;
Passer en plein midi les guérets, les campagnes;
Dans les plus creux vallons fondre en désespérés;
Percer rapidement les bois les plus fourrés;
Ignorer où l'on va; n'avoir qu'un chien pour guide,
Pour faire fuir un cerf qu'une feuille intimide;
Manquer la bête enfin après avoir couru,
Et revenir bien tard, mouillé, las et recru,
Estropié souvent : dites-moi, je vous prie,
Cela ne vaut-il pas la peine qu'on en rie?

AGÉNOR.

Ces occupations et ces nobles travaux
Sont les amusements des plus fameux héros;
Et, lorsqu'à leurs souhaits ils ont calmé la terre,
Ils mêlent dans leurs jeux l'image de la guerre.

AGÉLAS.

Mais, sans trop témoigner de curiosité,
Peut-on savoir quelle est cette jeune beauté?

STRABON.

De quoi vous mêlez-vous?

AGÉNOR.

On ne peut voir paroître
Un si charmant objet, sans vouloir le connoître.

DÉMOCRITE.

STRABON.

Allez courir vos cerfs, s'il vous plaît.

AGÉNOR.

Sais-tu bien
À qui tu parles là?

STRABON.

Moi? non, je n'en sais rien.

AGÉNOR.

Sais-tu que c'est le roi?

STRABON.

Le roi! soit. Que m'importe?

AGÉNOR.

Mais voyez ce maraud, de parler de la sorte!

STRABON.

Maraud! Sachez, monsieur, que ce n'est point mon nom;
Et, si vous l'ignorez, je m'appelle Strabon,
Philosophe sublime autant qu'on le peut être,
Suivant de Démocrite; et vous voyez mon maître.

AGÉLAS.

Quoi! je verrois ici cet homme si divin,
Cet esprit si vanté, ce Démocrite enfin,
Que son profond savoir jusques aux cieux éléve!

STRABON.

Oui, seigneur, c'est lui-même; et voici son éléve.

AGÉLAS, *à Démocrite*.

Pardonnez, s'il vous plaît, mes indiscrétions;
Je trouble avec regret vos méditations :
Mais la longue fatigue, et le chaud qui m'accable...

ACTE I, SCÈNE VI.

DÉMOCRITE.

Vous venez à propos; nous nous mettions à table:
Vous prendrez votre part d'un très frugal repas:
Mais il faut excuser; on ne vous attend pas.

STRABON, *à Agélas, lui présentant la sporte.*

Ce sera de bon cœur, et sans cérémonie.

AGÉLAS.

De manger à présent je ne sens nulle envie;
Mais je veux toutefois, sortant de ce désert,
Vous rendre le repas que vous m'avez offert.

STRABON.

Sire, vous vous moquez.

AGÉLAS.

Je veux que, dans une heure,
Vous quittiez tous les deux cette triste demeure,
Pour venir à ma cour.

DÉMOCRITE.

Qui? nous, seigneur?

AGÉLAS.

Oui, vous.

STRABON, *à part.*

Que je m'en vais manger!

AGÉLAS.

Vous viendrez avec nous.

DÉMOCRITE.

Moi, que j'aille à la cour! Grands dieux! qu'irois-je y faire?
Mon esprit peu liant, mon humeur trop sincère,
Ma manière d'agir, ma critique et mes ris

M'attireroient bientôt un monde d'ennemis.
AGÉLAS, *à Démocrite.*
Je serai votre appui, quoi qu'on dise ou qu'on fasse.
Je vous demande encore une seconde grace;
Et votre cœur, je crois, n'y résistera pas:
C'est que ce jeune objet accompagne vos pas.
(*à Criséis.*)
Y répugneriez-vous?
CRISÉIS.
Je dépends de mon père;
Sans son consentement je ne saurois rien faire:
Mais j'aurois grand plaisir de le suivre en des lieux
Où l'on dit que tout rit, que tout est somptueux;
Où les choses qu'on voit sont pour moi si nouvelles,
Les hommes si bien faits!
STRABON, *à part.*
Les femmes si fidéles!
DÉMOCRITE, *à Criséis.*
Que vous connoissez mal les lieux dont vous parlez!
CRISÉIS, *à Démocrite.*
Je les connoîtrai mieux bientôt, si vous voulez.
Vous avez sur mon père une entière puissance;
Vous n'avez qu'à parler.
DÉMOCRITE.
Vous vous moquez, je pense.
Examinez-moi bien; ai-je, du bas en haut,
Pour être courtisan, la taille et l'air qu'il faut?

ACTE I, SCÈNE VI.

CRISÉIS.

J'attends de vos bontés cette faveur extrême :
Ne me refusez pas.

DÉMOCRITE, *à part.*

Pourquoi faut-il que j'aime?

(*à Agélas.*)
Mais, seigneur...

AGÉLAS, *à Démocrite.*

À mes vœux daignez tout accorder.
Songez qu'en vous priant j'ai droit de commander.
Je le veux.

DÉMOCRITE.

Il suffit.

AGÉLAS.

La résistance est vaine.
J'ai des gens, des chevaux, dans la route prochaine ;
Pour se rendre en ces lieux on va les avertir.
Toi, prends soin, Agénor, de les faire partir.
(*à Démocrite.*)
Je vous laisse.

(*à Agénor, à part.*)

Sur-tout cette aimable personne...

AGÉNOR, *à Agélas.*

Qu'à mes soins diligents votre cœur s'abandonne.

SCÈNE VII.

DÉMOCRITE, AGÉNOR, THALER, CRISÉIS, STRABON.

THALER, *à Criséis.*

Morgué, je n'en puis plus; je vous cherche par-tout;
J'ai couru la forêt de l'un à l'autre bout,
Sans pouvoir...

STRABON, *à Thaler.*

Paix, tais-toi; va plier ton bagage:
Nous allons à la cour; on t'a mis du voyage.

THALER.

À la cour!

STRABON.

Oui, parbleu.

THALER.

Tu te gausses de moi.

STRABON.

Non: le roi veut te voir; il a besoin de toi.

THALER.

Pargué, j'irai fort bian, sans répugnance auqueune;
Pourquoi non? M'est avis que j'y ferai forteune.

AGÉNOR, *à Criséis.*

Ne perdons point de temps, suivons notre projet.

STRABON.

Partons quand vous voudrez, mon paquet est tout fait.

DÉMOCRITE.
(à part.) (à Criséis.)
Quel voyage, grands dieux! C'est à votre prière
Que je fais une chose à mon cœur si contraire.
Mais pour vous, Criséis, que ne feroit-on pas?
(à part.)
Que je sens là-dedans de trouble et de combats!

SCÈNE VIII.

STRABON.

Adieu, forêts, rochers; adieu, caverne obscure,
Insensibles témoins des peines que j'endure;
Adieu, tigres, ours, cerfs, daims, sangliers et loups.
Si pour philosopher je reviens parmi vous,
Je veux qu'une panthère, avec sa dent gloutonne,
Ne fasse qu'un repas de toute ma personne.
Je suis votre valet. Loin de ce triste lieu
Je vais boire et manger. Bonjour. Bonsoir. Adieu.

FIN DU PREMIER ACTE.

ACTE SECOND.

Le théâtre représente le palais d'Agélas, roi d'Athènes.

SCÈNE I.

ISMÈNE, CLÉANTHIS.

CLÉANTHIS.
Si j'avois le secret de deviner la cause
Du chagrin qu'à mes yeux votre visage expose,
De cet ennui soudain qui vous tient sous ses lois,
Nous nous épargnerions deux peines à-la-fois;
Moi, de le demander, et vous, de me le dire.
Mais, puisque sans parler je ne puis m'en instruire,
Dites-moi, s'il vous plaît, depuis une heure ou deux,
Quel nuage a troublé l'éclat de vos beaux yeux?
Quel sujet vous oblige à répandre des larmes?
Le roi plus que jamais est épris de vos charmes :
Il vous aime; et de plus une suprême loi
L'oblige à vous donner et sa main et sa foi :
Et, quand même il romproit une si douce chaîne,
Agénor est un prince assez digne d'Ismène.
Je sais qu'il vous adore, et qu'il n'ose à vos yeux,
Par respect pour le roi, faire éclater ses feux.

DÉMOCRITE.

ISMÈNE.

Je veux bien avouer qu'un manque de couronne
Est l'unique défaut qui soit en sa personne,
Et qu'Agénor auroit tous les vœux de mon cœur,
S'il étoit un peu moins sensible à la grandeur.
Mais enfin, un chagrin que je ne puis comprendre,
Ma chère Cléanthis, est venu me surprendre :
Je le chasse, il revient ; et je ne sais pourquoi,
Ce jour plus qu'aucun autre, il cause mon effroi.

CLÉANTHIS.

On ne peut vous ôter le sceptre et la couronne,
Et le rang glorieux que le destin vous donne :
Je vous l'apprends encor, si vous ne le savez,
J'en suis un peu la cause, et vous me le devez.

ISMÈNE.

Comment?

CLÉANTHIS.

Écoutez-moi. La reine, votre mère,
Abandonnant Argos, où mourut votre père,
Par un second hymen épousa le feu roi
Qui régnoit en ces lieux, mais avec cette loi,
Que, si d'aucun enfant il ne devenoit père,
Du trône athénien vous seriez l'héritière,
Et que son successeur deviendroit votre époux.
La reine eut une fille ; et, l'aimant moins que vous,
Elle trouva moyen de changer cette fille,
Et de mettre un enfant, pris d'une autre famille,
De même âge à peu près, mais moribond, malsain.

Et qui mourut aussi, je crois, le lendemain.
Moi, j'allai cependant, sans tarder davantage,
Porter nourrir l'enfant dans un lointain village.
Un pauvre paysan, que l'or sut engager,
De ce fardeau pour moi voulut bien se charger.
Je lui dis que de moi l'enfant tenoit naissance,
Qu'il devoit avec soin élever son enfance;
Je lui cachai toujours son nom et son pays:
Le pâtre crut enfin tout ce que je lui dis.
Quinze ans se sont passés depuis cette aventure.
Votre mère a payé les droits à la nature;
Et depuis ce long temps aucun mortel, je crois,
N'a pu de cette fille avoir ni vent ni voix.

ISMÈNE.

Je sais depuis long-temps ce que tu viens de dire;
Ta bouche avoit déja pris soin de m'en instruire:
Ce souvenir encore augmente ma terreur,
Et vient justifier le trouble de mon cœur.
N'as-tu point remarqué qu'au retour de la chasse
Le roi, rêveur, distrait, a paru tout de glace?
Ses regards inquiets m'ont dit son embarras;
Il sembloit m'éviter et détourner ses pas.
Ah! Cléanthis, je crains que quelque amour nouvelle
Ne lui fasse...

CLÉANTHIS.

Ah! voilà l'ordinaire querelle.
C'est une étrange chose! il faut que les amants
Soient toujours de leurs maux les premiers instruments.

ACTE II, SCÈNE I.

Qu'un homme par hasard ait détourné la vue
Sur quelque objet nouveau qui passe dans la rue;
Qu'il ait paru rêveur, enjoué, gai, chagrin;
Qu'il n'ait pas ri, pleuré, parlé, que sais-je enfin?
Voilà la jalousie aussitôt en campagne.
D'une mouche on lui fait une grosse montagne.
C'est un traître, un ingrat; c'est un monstre odieux,
Et digne du courroux de la terre et des cieux.
Il faut aller plus doux dans le siècle où nous sommes;
On doit parfois passer quelque fredaine aux hommes,
Fermer souvent les yeux; bien entendu pourtant
Que tout cela se fait à la charge d'autant.

ISMÈNE.

Pour un cœur délicat qu'un tendre amour engage
Un calme si tranquille est d'un pénible usage;
Toujours quelque soupçon renaît pour l'alarmer.
Ah! que tu connois mal ce que c'est que d'aimer!

CLÉANTHIS.

Oui! je me suis d'aimer parfois licenciée;
J'ai fait pis, je me suis dans Argos mariée.

ISMÈNE.

Toi, mariée!

CLÉANTHIS.

Oui, moi; mais à mon grand regret.
Autant que je le puis je tiens le cas secret.
Avant que les destins, touchés de ma misère,
Eussent fixé mon sort auprès de votre mère,
J'avois fait ce beau coup; mais, à vous dire vrai,

Ce mariage-là n'étoit qu'un coup d'essai.
J'avois pris un mari brutal, jaloux, bizarre,
Gueux, joueur, débauché, capricieux, avare,
Comme ils sont presque tous : je l'ai tant tourmenté,
Excédé, maltraité, rebuté, molesté,
Qu'il m'a privée enfin de sa vue importune;
Le diable l'a mené chercher ailleurs fortune.

ISMÈNE.

Est-il mort?

CLÉANTHIS.

Autant vaut : depuis vingt ans et plus
Qu'il a pris son parti, nous ne nous sommes vus;
Et, quand même en ces lieux il viendroit à paroître,
Nous nous verrions, je crois, tous deux sans nous connoître.
J'ai bien changé d'état; et, lorsqu'il s'en alla,
Je n'étois qu'une enfant haute comme cela.

ISMÈNE.

Ta belle humeur pourroit me sembler agréable,
Si de quelque plaisir mon cœur étoit capable.

CLÉANTHIS.

Pour chasser le chagrin, madame, où je vous voi,
Consentez, je vous prie, à venir avec moi,
Pour voir un animal qu'en ces lieux on amène,
Et que le prince a pris dans la forêt prochaine.
Il tient, à ce qu'on dit, et de l'homme et de l'ours;
Il parle quelquefois, et rit presque toujours.
On appelle cela, je pense... un Démocrite.

ISMÈNE.
Tu rends assurément peu d'honneur au mérite.
L'animal dont tu fais un portrait non commun
Est un grand philosophe.
CLÉANTHIS.
Hé! n'est-ce pas tout un?
ISMÈNE.
Tu peux aller le voir; mais pour moi, je te prie,
Laisse-moi quelque temps tout à ma rêverie;
J'en fais mon seul plaisir. Tout ce que tu m'as dit
Et mes jaloux soupçons m'occupent trop l'esprit.
CLÉANTHIS.
Quelqu'un s'avance ici. Je m'en vais vous conduire,
Et reviendrai pour voir cet homme qu'on admire.

SCÈNE II.

STRABON, *en habit de cour*.
Quand on a de l'esprit, ma foi, vive la cour!
C'est là qu'il faut venir se montrer au grand jour;
Et c'est mon centre, à moi. Bon vin, bonne cuisine;
J'ai calmé les fureurs d'une guerre intestine.
J'ai d'abord pris ma part de deux repas exquis,
Et me voilà déja vêtu comme un marquis.
Cela me sied bien. Mais quelqu'un ici s'avance.

SCÈNE III.

THALER, *en habit de cour par-dessus son habit de paysan;* STRABON.

STRABON.

C'est Thaler. Justes dieux! quelle magnificence!

THALER, *vers la porte d'où il sort, à des domestiques qui éclatent de rire.*

Oh dame! voyez-vous! tout franc, je n'aime pas
Qu'on se rie à mon nez, et qu'on suive mes pas.
Si quelqu'un vient encor se gausser davantage,
Je lui sangle d'abord mon poing par le visage.

STRABON.

D'où te vient, mon enfant, l'humeur où te voilà?

THALER, *à Strabon.*

Morgué, je ne sais pas quelle graine c'est là.
Ils sont un régiment de diverses figures,
Jaune, gris, vart, enfin de toutes les peintures,
Qui sont tous après moi comme des possédés.

(*allant vers la porte.*)

Palsangué, le premier...

STRABON.

         C'est qu'ils sont enchantés
De voir un gentilhomme avec si bonne mine,
Un port si gracieux, une taille si fine.

THALER, *revenant à Strabon.*

Me voilà.

ACTE II, SCÈNE III.

STRABON.

Je te vois.

THALER.

Je n'ai pas méchant air,
N'est-ce pas?

STRABON.

Je me donne au grand diable d'enfer,
Si seigneur à la cour, dans ses airs de conquête,
Est mieux paré que toi des pieds jusqu'à la tête.

THALER.

Je suis, sans vanité, bien tourné quand je veux;
Et j'ai, quand il me plaît, tout autant d'esprit qu'eux.
Qui fait le bel oisiau? c'est, dit-on, le pleumage.
Notre fille est de même en fort bon équipage.
Allons, faut dire vrai, je suis content du roi;
Morguenne, il en agit rondement avec moi.
Ils m'ont bien fait dîner : c'est un plaisir extrême
D'avoir grand appétit, et l'estomac de même,
Lorsque l'on peut tous deux les contenter, s'entend.
J'ai mangé comme quatre, et j'ai trinqué d'autant.

STRABON.

Tu te trouves donc bien en cette hôtellerie?

THALER.

J'y serois volontiers tout le temps de ma vie.
L'état où je me vois me fait émerveiller:
M'est avis que je rêve, et crains de m'éveiller.

STRABON.

Malgré tes beaux habits, ton air gauche et sauvage

Tient encore à mes yeux quelque peu du village.
Plante-toi sur tes pieds : te voilà comme un sot;
L'on auroit plus d'honneur d'habiller un fagot.
Des airs développés; allons, fais-toi de fête;
Remue un peu les bras; balance-toi la tête;
De la vivacité. Danse. Prends du tabac.
Ne tends pas tant le dos. Renfonce l'estomac.
 (*Il lui donne un coup dans le dos et un autre dans l'estomac.*)

####### THALER.

Oh! morgué, bellement; comme vous êtes rude!
J'ai l'estomac démis.

####### STRABON.

    Ce n'est là qu'un prélude.

####### THALER.

Achevez donc tout seul.

####### STRABON.

     Paix; Démocrite vient:
Prends d'un jeune seigneur la taille et le maintien.

####### THALER.

Non, morgué, je m'en vas; aussi bian je pétille,
Mis comme me voilà, d'aller voir notre fille.

SCÈNE IV.

DÉMOCRITE, *suivi d'un* INTENDANT, *d'un* MAITRE-D'HOTEL, *et de quatre grands* LAQUAIS; STRABON.

DÉMOCRITE.

En ces lieux, comme ailleurs, je vois de toutes parts
Mille plaisants objets attirer mes regards.
Les grands et les petits, la cour comme la ville,
Pour rire à mon plaisir tout m'offre un champ fertile;
Et, me voyant aussi dans un riche palais,
Entouré d'officiers, escorté de valets,
Transporté tout d'un coup de mon séjour paisible,
Je me trouve moi-même un sujet fort risible.
Vous, qui suivez mes pas, que voulez-vous de moi?

L'INTENDANT, *à Démocrite.*

Je suis auprès de vous par l'ordre exprès du roi.
Il prétend, s'il vous plaît, m'accorder cette grace
Que de votre intendant je prenne ici la place;
Et je viens vous offrir mes soins et mon savoir.

DÉMOCRITE.

Mais je n'ai nulle affaire, et n'en veux point avoir.

L'INTENDANT.

C'est aussi pour cela qu'officier nécessaire,
Réglant votre maison, j'aurai soin de tout faire.
J'afferme, je reçois, je dispose des fonds,

Des valets...
DÉMOCRITE.
Ah! tant mieux. Puisque dans les maisons
Vous avez sur les gens un pouvoir despotique,
De grace, réformez tout ce vain domestique.
Je ne saurois souffrir toujours à mes côtés
Ces quatre grands messieurs droit sur leurs pieds plantés.
L'INTENDANT.
Il est de la grandeur d'avoir un gros cortége.
DÉMOCRITE.
Quoi! si je veux tousser, cracher, moucher, que sais-je?
Et le jour et la nuit faudra-t-il que quelqu'un
Tienne de tous mes faits un registre importun?
L'INTENDANT.
Des gens de qualité c'est l'ordinaire usage.
DÉMOCRITE.
Cet usage, à mon gré, n'est ni prudent ni sage.
Les hommes, qui souvent font tout mal à propos,
Et qui devroient cacher leur foible et leurs défauts,
Sont toujours les premiers à montrer leurs bêtises.
Pour faire à tout moment et dire des sottises,
À quoi bon, s'il vous plaît, payer tant de témoins?
Messieurs, laissez-moi seul, et trève de vos soins.
(*au maître-d'hôtel.*)
Et vous, que vous plaît-il?
LE MAITRE-D'HOTEL, *à Démocrite.*
Le prince à vous m'envoie,
Et pour maître-d'hôtel il veut que je m'emploie.

ACTE II, SCÈNE IV.

STRABON, *à part.*

Bon! voici le meilleur.

DÉMOCRITE.

C'est, entre vous et moi,
Auprès d'un philosophe un fort chétif emploi.

LE MAITRE-D'HOTEL.

J'espère avec honneur remplir mon ministère;
Et vous n'aurez, je crois, nul reproche à me faire.

DÉMOCRITE.

J'en suis persuadé de reste.

L'INTENDANT, *à Démocrite.*

Ce n'est point
Parceque l'amitié l'un à l'autre nous joint,
Mais je réponds de lui; c'est un très honnête homme,
Fidéle, incorruptible, équitable, économe.

(*bas, à Démocrite.*)

Ne vous y fiez pas, je vous en avertis.

LE MAITRE-D'HOTEL, *à l'intendant.*

Quand je ne serois pas au rang de vos amis,
Je publierois par-tout que l'on ne trouve guères
D'homme plus entendu que vous dans les affaires,
Plus désintéressé, plus actif, plus adroit.

(*bas, à Démocrite.*)

Prenez-y garde au moins, car il ne va pas droit.

L'INTENDANT, *au maître-d'hôtel.*

Monsieur, en vérité, vous êtes trop honnête.
On sait votre bon goût pour conduire une fête;
Nul n'entend mieux que vous à donner un repas,

En aussi peu de temps, sans bruit, sans embarras.
(bas, à Démocrite.)
C'est un homme qui n'a l'ame, ni la main nette,
Et qui gagne moitié sur tout ce qu'il achéte.

LE MAITRE-D'HOTEL, *à l'intendant.*

Tout le monde connoît votre esprit éclairé
À gagner le procès le plus désespéré,
À nettoyer un bien, à liquider des dettes
Que dans une maison un long désordre a faites.
(bas, à Démocrite.)
C'est un homme sans foi, qui prend de toute main,
Et ne fait pas un bail qu'il n'ait un pot de vin.

DÉMOCRITE.

Messieurs, je suis ravi qu'en vous rendant service
Tous deux en même temps vous vous rendiez justice.
Allez, continuez, aimez-vous bien toujours,
Et servez-vous ainsi le reste de vos jours :
Cette rare amitié, cette candeur sublime
Me fait naître pour vous encore plus d'estime.
Adieu.

SCÈNE V.

DÉMOCRITE, STRABON.

DÉMOCRITE.

Tu ne ris pas de ces deux bons amis?
Tu peux juger, Strabon, des grands par les petits;
De ces lâches flatteurs qui hautement vous louent,

ACTE II, SCÈNE V.

Et dans l'occasion tout bas se désavouent;
De ces menteurs outrés, ces caractères bas,
Qui disent tout le bien et le mal qui n'est pas.
Des faux amis du temps reconnois les manières:
Peut-être ces deux-là sont-ils des plus sincères.
Mais changeons de propos. Que dis-tu de la cour?

STRABON.

Toutes sortes de biens. Et vous, à votre tour,
Parlez à cœur ouvert, qu'en dites-vous vous-même?

DÉMOCRITE.

Tu t'imagines bien que ma joie est extrême
D'y voir certaines gens tout fiers de leur maintien,
Qui ne déparlent pas, et qui ne disent rien;
D'y rencontrer par-tout des visages d'attente,
Qui n'ont que l'espérance et les desirs pour rente;
D'autres dont les dehors affectés et pieux
S'efforcent de duper les hommes et les dieux;
Des complaisants en charge, et payés pour sourire
Aux sottises qu'un autre est toujours prêt à dire;
Celui-ci qui, bouffi du rang de son aïeul,
Se respecte soi-même, et s'admire tout seul.
Je te laisse à juger si sur cette matière
J'ai pour rire à plaisir une vaste carrière.

STRABON.

Je m'en rapporte à vous.

DÉMOCRITE.

Dans ce nouveau pays,
Dis-moi, que dit, que fait, que pense Criséis?

STRABON.

Si l'on en peut juger à l'air de son visage,
Elle se plaît ici bien mieux qu'en son village.
Elle a pris, comme moi, d'abord les airs de cour.
Elle veut déja plaire et donner de l'amour.

DÉMOCRITE.

Que dis-tu?

STRABON.

Vous savez qu'en princesse on la traite.
Je la voyois tantôt devant une toilette
D'une mouche assassine irriter ses attraits.
Elle donne déja le bon tour aux crochets;
Elle montre avec art, quoique novice encore,
Une gorge timide et qui voudroit éclore.
Agélas l'observoit d'un œil plein de desirs.

DÉMOCRITE.

Agélas?

STRABON.

Oui; parfois il poussoit des soupirs;
Et je suis fort trompé si le roi pour la belle
Ne ressent de l'amour quelque vive étincelle.

DÉMOCRITE.

Juste ciel! quoi! déja?...

STRABON.

L'on va vite en ces lieux;
Et l'air de ce pays est fort contagieux.

DÉMOCRITE.

Et comment Criséis prend-elle cet hommage?

ACTE II, SCÈNE V.

Semble-t-elle répondre à ce muet langage?
Montre-t-elle l'entendre?

STRABON.

Oh! vraiment je le crois;
Elle l'entend déja mieux que vous et que moi.
Elle a de certains yeux, de certaines manières,
Des souris attrayants, des mines meurtrières.
Oh! vive la nature!

DÉMOCRITE.

En savoir déja tant!

STRABON.

Si le prince l'aimoit, le cas seroit plaisant.
Euh?

DÉMOCRITE.

Oui.

STRABON.

Que diriez-vous qu'un roi, cherchant à plaire,
Comme un aventurier, donnât dans la bergère?

DÉMOCRITE.

J'en rirois tout-à-fait.

STRABON.

Que nous serions heureux!
Notre fortune ici seroit faite à tous deux.
L'amour est, je l'avoue, une belle manie :
Les hommes sont bien fous; rions-en, je vous prie :
Je les trouve à présent presque aussi sots que vous.

DÉMOCRITE, *à part.*

Il ne me manquoit plus que d'être encor jaloux.

44 DÉMOCRITE.

J'étouffe, et je sens là... certain poids qui m'oppresse.

STRABON.

D'où vous vient, s'il vous plaît, cette sombre tristesse?
Du bien de Criséis n'êtes-vous pas content?
Pourquoi cet air chagrin, à vous qui riez tant?

DÉMOCRITE.

Ces feux pour Criséis me donnent quelque ombrage.
Son éducation est mon heureux ouvrage;
Elle est sous ma conduite arrivée en ces lieux,
Et j'en dois prendre soin.

STRABON.

    On ne peut faire mieux.

DÉMOCRITE.

Agélas a grand tort d'employer sa puissance
À vouloir d'un enfant surprendre l'innocence,
Qui doit être en sa cour en toute sûreté.

STRABON.

C'est violer les droits de l'hospitalité.

DÉMOCRITE.

Mais il faut empêcher que cette amour n'augmente;
Et, pour mieux étouffer cette flamme naissante,
Je vais le conjurer de nous laisser partir.

STRABON.

Parlez pour vous: d'ici je ne veux point sortir;
Je m'y trouve trop bien.

SCÈNE VI.

STRABON.

Ma foi, le philosophe
D'un feu long et discret dans son harnois s'échauffe.
Le pauvre diable en a tout autant qu'il en faut,
Et toute sa morale a, parbleu, fait le saut.
Allons sur ses pas...

SCÈNE VII.

CLÉANTHIS, STRABON.

STRABON.

Mais quelle est cette égrillarde
Qui d'un œil curieux me tourne et me regarde?

CLÉANTHIS, *à part.*

Voilà, certes, quelqu'un de ces nouveaux venus;
Et ces traits-là me sont tout-à-fait inconnus.

STRABON, *à part.*

Mon port lui paroît noble, et ma mine assez bonne.
La princesse a, je crois, dessein sur ma personne:
Il ne faut point ici perdre le jugement,
Mais en homme d'esprit tourner un compliment.
  (*haut.*)
Madame, s'il est vrai, selon nos axiomes,
Que tous corps ici-bas sont composés d'atomes,

Chacun doit convenir, en voyant vos attraits,
Que le vôtre est formé d'atomes bien parfaits.
Ces organes subtils, d'où votre esprit transpire,
Avant que vous parliez, font que je vous admire.

CLÉANTHIS.

À votre air étranger on devine aisément...

STRABON.

À mon air étranger! parlez plus congrument.
Je suis homme de cour; et, pour la politesse,
J'en ai, sans me vanter, de la plus fine espèce.

CLÉANTHIS.

Un esprit méprisant ne m'a point fait parler,
Et tous nos courtisans voudroient vous ressembler.

STRABON.

Je le crois.

CLÉANTHIS.

Je voulois par vous-même m'instruire
Quel sujet, quelle affaire à la cour vous attire.

STRABON.

C'est par l'ordre du roi que j'y viens aujourd'hui;
Je suis, sans me vanter, assez bien avec lui:
Le plaisir de nous voir quelquefois nous rassemble;
Et nous devons, je crois, ce soir, souper ensemble.

CLÉANTHIS.

C'est un honneur qu'il fait à peu de courtisans.

STRABON.

D'accord; mais il sait vivre, et connoît bien ses gens.
Pour convive je suis d'une assez bonne étoffe,

Suivant de Démocrite, et garçon philosophe.
CLÉANTHIS.
On le voit, votre esprit éclate dans vos yeux.
STRABON.
Madame...
CLÉANTHIS.
Tout en vous est noble et gracieux.
STRABON.
Madame, à bout portant vous tirez la louange.
Je veux être un maraud si mes sens, en échange,
Auprès de vos appas ne sont tout stupéfaits.
CLÉANTHIS.
Peu de cœurs devant vous ont conservé leur paix.
STRABON.
Ah! madame, il est vrai qu'on est fait d'un modéle
À ne pas attaquer vainement une belle.
On sait de son esprit se servir à propos;
Se plaindre, se brouiller, écrire quatre mots;
Revenir, s'apaiser, se remettre en colère;
Faire bien le jaloux, et vouloir se défaire;
Commander à ses pleurs de sortir au besoin;
Être un jour sans manger, bouder seul en un coin;
Redoubler quelquefois de tendresses nouvelles.
Lorsque l'on sait jouer ce rôle auprès des belles,
On est bien malheureux et bien disgracié
Quand on manque à la fin d'en tirer aile ou pied.
CLÉANTHIS.
La nature en naissant vous fit l'ame sensible?

STRABON.

Le soufre préparé n'est pas plus combustible.

CLÉANTHIS.

Ainsi donc votre cœur s'est souvent enflammé?
Vous aimiez autrefois?

STRABON.

Non; mais j'étois aimé.
Je me suis signalé par plus d'une victoire :
Mais si de vous aimer vous m'accordiez la gloire,
Vous verriez tout mon cœur, par des soins éternels,
Faire fumer l'encens au pied de vos autels.

CLÉANTHIS.

Mon bonheur seroit pur, et ma gloire trop grande
De recevoir ici vos vœux et votre offrande;
Mais certaine raison, qui murmure en mon cœur,
M'empêche de répondre à toute votre ardeur.

STRABON.

J'en ai quelqu'une aussi qui me seroit contraire (*);
Mais où parle l'amour, la raison doit se taire.

CLÉANTHIS, *à part.*

Si mon traître d'époux par bonheur étoit mort,

STRABON, *à part.*

Si ma méchante femme avoit fini son sort,

(*) À mes desirs aussi j'en ai quelqu'un contraire.

Ce vers, qui contient un solécisme, se trouve dans toutes les anciennes éditions de Regnard.

ACTE II, SCÈNE VII.

CLÉANTHIS, *à part.*

Que je me serois fait un bonheur de lui plaire!

STRABON, *à part.*

Que nous aurions bientôt terminé notre affaire!

CLÉANTHIS, *à Strabon.*

Votre abord est si tendre et si persuasif,

STRABON, *à Cléanthis.*

Vous avez un aspect tellement attractif,

CLÉANTHIS.

Que d'un charme puissant on se sent ravir l'ame.

STRABON.

Qu'en vous voyant paroître aussitôt on se pâme.

CLÉANTHIS.

Je sens que ma vertu combat mal avec vous;

(*à part.*)

Il faut nous séparer. Ah ciel! si mon époux
Avoit été formé sur un pareil modéle,
Qu'il m'eût donné d'amour!

STRABON.

Adieu, charmante belle:
Auprès de vos appas je défends mal mon cœur.

(*à part.*)

Ah ciel! si j'avois eu femme de cette humeur,
Quelles félicités! et qu'en sa compagnie
J'aurois avec plaisir passé toute ma vie!

SCÈNE VIII.

STRABON.

Cela ne va pas mal : J'arrive dans la cour;
Une belle me voit, je suis requis d'amour.
Courage, mon garçon, continue : encore une,
Et te voilà passé maître en bonne fortune.

FIN DU SECOND ACTE.

ACTE TROISIÈME.

SCÈNE I.

AGÉLAS, AGÉNOR; SUITE DU ROI.

AGÉNOR.

Criséis, par votre ordre, en ces lieux va se rendre,
Et vous pourrez bientôt et la voir et l'entendre :
Mais, si je puis, seigneur, avec vous m'exprimer,
Votre cœur me paroît bien prompt à s'enflammer.

AGÉLAS.

Je ne te cache rien de l'état de mon ame.
Tu vis naître tantôt cette nouvelle flamme,
Sois témoin du progrès; mes feux sont parvenus,
En moins d'un jour, au point de ne s'accroître plus.
J'adore Criséis; à chaque instant en elle
Je découvre, je vois quelque grace nouvelle.
Ne remarques-tu point comme moi ses beautés?
Ses airs dans cette cour ne sont point empruntés;
Son esprit se fait voir même dans son silence :
Elle n'a rien des bois que la seule naissance.

AGÉNOR.

De ces feux violents quelle sera la fin?

AGÉLAS.

Je ne sais.

DÉMOCRITE.

AGÉNOR.

Mais, seigneur, quel est votre dessein?

AGÉLAS.

D'aimer.

AGÉNOR.

Quel sera donc le sort de la princesse?
Athènes, par un choix où chacun s'intéresse,
Vous a fait souverain, sans aucune autre loi
Que d'épouser Ismène, alliée au feu roi.

AGÉLAS.

Mon cœur jusqu'à ce jour sans nulle répugnance
Suivoit de cette loi la douce violence;
Ce cœur même en secret souvent s'applaudissoit
De la nécessité que le sort m'imposoit:
Mais depuis le moment qu'une jeune bergère
M'a charmé, sans avoir nul dessein de me plaire,
Mon penchant pour Ismène aussitôt m'a quitté.
Je me sens entraîner tout d'un autre côté.

AGÉNOR, *à part*.

Ciel, qui sais mon amour, fais si bien qu'en son ame
Puisse à jamais régner cette nouvelle flamme!

(*à Agélas.*)

Ce n'est pas d'aujourd'hui que les champs et les bois
Ont produit des objets dignes des plus grands rois;
Et le sort prend plaisir, d'une chaîne secrète,
D'allier quelquefois le sceptre et la houlette.

AGÉLAS.

Cette inégalité, ce défaut de grandeur

ACTE III, SCÈNE I.

Pour Criséis encore irrite mon ardeur.

AGÉNOR.

Je ne sais ce qu'annonce une telle aventure;
Mais un des miens m'a dit qu'en changeant de parure
Ce paysan, de joie ou de vin transporté,
A laissé dans l'habit qu'il avoit apporté
Un bracelet d'un prix qui passe sa puissance :
On doit me l'apporter. Mais Criséis s'avance.

SCÈNE II.

CRISÉIS, THALER, AGÉLAS, AGÉNOR;
SUITE DU ROI.

THALER, *à part, à Criséis.*

Je suis trop en chagrin, je vais lui dire, moi;
Arrive qui pourra, n'importe. Je le voi :
Je m'en vais, palsangué, lui débrider ma chance.
 (*à Agélas.*)
Sire, excusez l'affront de notre importunance.

AGÉLAS.

Qu'avez-vous donc?

THALER.

J'avons... Mais c'est trop de faveur,
Sire, mettez dessus.

AGÉLAS.

Parlez.

THALER.

C'est votre honneur.

AGÉLAS.

Poursuivez. Quel sujet?

THALER.

Je ne veux point poursuivre
Si vous n'êtes couvert; je savons un peu vivre.

AGÉLAS.

Je suis en cet état pour ma commodité.

THALER.

Ah! vous pouvez vous mettre à votre liberté,
Et je ne sommes pas dignes de contredire.
Ici j'ons plus d'honneur que je ne saurois dire;
Je sons nourris, vêtus, mieux qu'à nous n'appartient:
Mais on nous fait un tour qui, tout franc, ne vaut rien.
C'est pis qu'un bois; vos gens n'ont point de conscience.
J'ai, dans mon autre habit, laissé par oubliance...
Avec tout mon esprit, morgué, je suis un sot.

AGÉLAS.

Quoi donc?

THALER.

Ils m'avont fait bian payer mon écot.

AGÉLAS.

Qui?

THALER.

Vos valets-de-chambre. Ah! la maudite engeance!
En me déshabillant en toute diligence,
L'un un pied, l'autre un bras (ils ont eu bientôt fait),
Ils m'ont pris un bijou, morgué, dans mon gousset:
Il est de votre honneur de les faire tous pendre.

AGÉLAS.
Ne vous alarmez point, je vous le ferai rendre :
Je veux qu'on le retrouve, et je vous en réponds.
THALER.
Tous les honnêtes gens d'ici sont des fripons :
Je sais pourtant fort bien que ce n'est pas vous, sire;
Je vous crois honnête homme, et je sais bien qu'en dire :
Mais tout chacun ici ne vous ressemble pas.
AGÉLAS, *à Agénor.*
Que l'on aille avec lui le chercher de ce pas :
Et qu'ici les plaisirs, les jeux, la bonne chère,
Suivent ces étrangers, qu'Agélas considère.
THALER.
Ah! vous êtes, seigneur, par trop considérant.
Mais, parlant par respect, l'honneur que l'on me rend
Me confond; car, tout franc, sans tant de préambule...
(*à Criséis.*)
Palsangué, te voilà comme une ridicule!
Que ne réponds-tu, toi? je m'embrouille toujours,
Lorsque d'un compliment j'entreprends le discours.
AGÉLAS, *à Thaler.*
Allez, et n'ayez point de chagrin davantage.
THALER.
Que je suis malheureux! J'ai fait un beau voyage!

SCÈNE III.

AGÉLAS, CRISÉIS.

AGÉLAS.

Je ne sais, Criséis, si l'éclat de ces lieux
Avec quelque plaisir peut arrêter vos yeux;
Je ne sais si la cour vous plaît, vous dédommage
De la tranquillité que l'on goûte au village :
Mais je voudrois qu'ici vous pussiez recevoir
Tout autant de plaisir que j'ai de vous y voir.

CRISÉIS.

Seigneur, de vos bontés, qu'on aura peine à croire,
Le souvenir toujours vivra dans ma mémoire :
Et j'aurois mauvais goût, si, sortant des forêts,
Je ne me plaisois pas en des lieux pleins d'attraits,
Où chacun du plaisir fait son unique affaire,
Où les dames sur-tout ne s'occupent qu'à plaire,
Font briller leur esprit, ont un air si charmant,
Et font de leur beauté tout leur amusement.

AGÉLAS.

Parmi les courtisans dont la foule épandue
Brille dans cette cour, et s'offre à votre vue,
Ne s'en trouve-t-il point quelqu'un assez heureux
Pour pouvoir s'attirer un regard de vos yeux?
Pourriez-vous les voir tous avec indifférence?

ACTE III, SCÈNE III.

CRISÉIS.

On dit qu'il ne faut point qu'avec trop de licence
Une fille s'arrête à voir de tels objets,
Et dise de son cœur les sentiments secrets.
Il en est un pourtant, si j'ose ici le dire,
Qui, d'un charme flatteur que sa présence inspire,
Se distingue aisément, et qui de toutes parts
S'attire sans effort les cœurs et les regards.

AGÉLAS.

Vous prenez du plaisir en le voyant paroître?

CRISÉIS.

Oh! beaucoup. À son air on voit qu'il est le maître.
Les autres, devant lui timides et défaits,
Ne paroissent plus rien, et deviennent si laids
Qu'on ne regarde plus tout ce qui l'environne.

AGÉLAS.

Aimeriez-vous un peu cette heureuse personne?

CRISÉIS.

Je ne sais point, seigneur, ce que c'est que d'aimer.

AGÉLAS.

Aucun objet encor n'a pu vous enflammer?

CRISÉIS.

Non; l'on est dans les bois d'une froideur extrême.

AGÉLAS.

Si cet heureux mortel vous disoit qu'il vous aime?...

CRISÉIS.

Qu'il m'aime, moi, seigneur! je me garderois bien,

S'il faisoit cet aveu, d'en croire jamais rien (*).
On parle ici, dit-on, autrement qu'on ne pense;
Il faut bien se garder... Mais Démocrite avance.

SCÈNE IV.

DÉMOCRITE, AGÉLAS, CRISÉIS, STRABON.

AGÉLAS, *à Démocrite.*
Avec bien du plaisir je vous vois à ma cour.
Comment vous trouvez-vous de ce nouveau séjour?

DÉMOCRITE.
Fort mal.

AGÉLAS.
    J'ai commandé par un ordre suprême
Qu'on vous y respectât à l'égal de moi-même.

DÉMOCRITE.
Cela n'empêche pas qu'avec tout votre soin,
Seigneur, je ne voulusse être déja bien loin.
On me croit en ces lieux placé hors de ma sphère,
Un animal venu d'une terre étrangère :
Chacun ouvre les yeux, et me prend pour un ours.

(*)   S'il me parloit ainsi, d'en croire jamais rien.

Ce vers est celui de l'auteur : les deux suivants ne se trouvent pas dans les anciennes éditions.

ACTE III, SCÈNE IV.

Je ne suis point taillé pour habiter les cours.
Que diroit-on de voir un homme de mon âge
Des airs d'un courtisan faire l'apprentissage?
Non, seigneur, à tel point je ne puis m'oublier,
Ni jusqu'à cet excès descendre et me plier.
Ainsi, pour faire bien, permettez que sur l'heure
Nous allions tous revoir notre ancienne demeure :
Strabon, Criséis, moi, nous vous en prions tous.

STRABON, *à Démocrite.*

Halte là, s'il vous plaît; ne parlez que pour vous :
En ce lieu plus qu'ailleurs je suis, moi, dans ma sphère.

AGÉLAS.

Si Criséis le veut, je consens à tout faire.
(*à Criséis.*)
Parlez, expliquez-vous.

CRISÉIS.

    Seigneur, l'obscurité
Conviendroit beaucoup mieux à ma simplicité :
Mais, s'il faut devant vous dire ce que l'on pense,
Ce beau lieu me retient sans nulle violence;
Et, s'il m'étoit permis de me faire un séjour,
Je n'en choisirois point d'autre que votre cour.

STRABON, *à part.*

Quel heureux naturel! le charmant caractère!
Je ne répondrois pas mieux qu'elle vient de faire.

DÉMOCRITE, *à Criséis.*

C'est fort bien fait! la cour a pour vous des appas?

DÉMOCRITE.

Quoi! vous pourriez vous plaire en un lieu de fracas,
Où l'envie a choisi sa demeure ordinaire,
Où l'on ne fait jamais ce que l'on voudroit faire,
Où l'humeur se contraint, où le cœur se dément,
Où tout le savoir-faire est un raffinement,
Où les grands, les petits, sont d'une ardeur commune
Attelés jour et nuit au char de la fortune?

AGÉLAS, *à Démocrite.*

La cour, qu'en ce tableau vous nous représentez,
Vous ne la prenez pas par ses plus beaux côtés.

STRABON.

Eh! non, non.

AGÉLAS.

Quelque aigreur que cette cour vous laisse,
Convenez que toujours l'esprit, la politesse,
Le bon air naturel, et le goût délicat,
Plus qu'en nul autre endroit, y sont dans leur éclat.

STRABON.

Sans doute.

AGÉLAS.

Que le sexe y tient un doux empire;
Qu'on rend à la beauté les respects qu'elle attire;
Et que deux yeux charmants, tels qu'à présent j'en vois,
Peuvent prétendre ici les honneurs dus aux rois.
Mais une autre raison, que près de vous j'emploie,
Et qui vous comblera d'une parfaite joie,
Doit, malgré vos dégoûts, vous fixer à la cour.

ACTE III, SCÈNE IV.

DÉMOCRITE.
Et quelle est, s'il vous plaît, cette raison?
AGÉLAS.
L'amour.
DÉMOCRITE.
L'amour! De passions me croyez-vous capable?
AGÉLAS.
Me préserve le ciel d'un jugement semblable!
DÉMOCRITE.
Démocrite est-il homme à se laisser toucher?
(à part.)
Je ne le suis que trop! J'ai peine à me cacher.
AGÉLAS.
Libre de passions, dégagé de foiblesse,
Votre cœur, je le sais, se ferme à la tendresse.
Chacun ne parvient pas à cet état heureux.
C'est de moi que je parle, et je suis amoureux.
DÉMOCRITE.
Vous êtes amoureux?
AGÉLAS.
Oui.
DÉMOCRITE.
Mais, dans cette affaire,
Ma présence, je crois, n'est pas trop nécessaire;
Absent comme présent, vous pouvez à loisir
Suivre les mouvements de ce tendre desir.
AGÉLAS.
J'adore Criséis, puisqu'il faut vous le dire.

STRABON, *à part.*

(*) Ah! ah! nous y voilà.

DÉMOCRITE.

Bon! bon! vous voulez rire!
Un grand roi comme vous, au milieu de sa cour,
Voudroit-il s'abaisser à cet excès d'amour?
Que diroit, s'il vous plaît, tout votre aréopage?

AGÉLAS.

Pour me déterminer j'attends peu son suffrage.
Oui, belle Criséis, je sens pour vous un feu
Dont je fais avec joie un éclatant aveu.
Mais un cœur bien épris veut être aimé de même.
Vous ne répondez rien.

CRISÉIS.

Ma surprise est extrême
D'entendre cet aveu de la bouche d'un roi:
Mon silence, seigneur, répond assez pour moi.

AGÉLAS.

Ce silence douteux à trop de maux m'expose.
(*à Démocrite.*)
Vous, qui voyez le rang que l'amour lui propose,
Secondez mes desirs, parlez en ma faveur.

(*) On trouve ce changement dans l'exemplaire de la comédie françoise:

(*bas, à Démocrite.*)
Ah! ah! nous y voilà. Belle matière à rire!

DÉMOCRITE.

Un grand roi, etc.

DÉMOCRITE.

Moi, seigneur?

AGÉLAS.

Oui, je veux de vous tenir son cœur :
Vos conseils ont sur elle une entière puissance :
Vantez-lui mon amour bien plus que ma naissance.

DÉMOCRITE.

Par grace, de ce soin, seigneur, dispensez-moi :
Je n'ai point les talents propres à cet emploi ;
Je suis un foible agent auprès d'une maîtresse ;
J'ignore le grand art qui surprend la tendresse.
Votre amour, où vos soins veulent m'intéresser,
Reculeroit, seigneur, plutôt que d'avancer.

AGÉLAS.

Non, j'attends tout de vous, je connois votre zéle.
Un soin m'appelle ailleurs; je vous laisse avec elle.
Puis-je, pour couronner mes amoureux desseins,
Mettre mes intérêts en de meilleures mains?
Je vous quitte.

SCÈNE V.

DÉMOCRITE, CRISÉIS, STRABON.

STRABON, *à part*.

Voilà, je vous le certifie,
Un fâcheux argument pour la philosophie.

DÉMOCRITE, *à Criséis.*

Le roi me charge ici d'un fort honnête emploi,
Et je n'attendois pas l'honneur que je reçoi.
Il vient de m'ordonner de disposer votre ame
À devenir sensible à sa nouvelle flamme :
La charge est vraiment belle ; et pour un tel dessein
Il ne me faudroit plus qu'un caducée en main.
Quels sont vos sentiments? Que prétendez-vous faire?

CRISÉIS.

C'est de vous que j'attends un avis salutaire.
Que me conseillez-vous de faire en cas pareil?
Car je prétends toujours suivre votre conseil.

DÉMOCRITE.

Ce que je vous conseille?

CRISÉIS.

Oui.

DÉMOCRITE, *à part.*

Je ne sais que dire.

(*haut.*)

Suivez les mouvements que le cœur vous inspire.

CRISÉIS.

Ah! que j'ai de plaisir que cet avis flatteur
Se rapporte si bien au penchant de mon cœur!
J'étois, je vous l'avoue, en une peine extrême,
Et n'osois tout-à-fait me fier à moi-même.
Je sentois pour le prince un mouvement secret,
Et je ne savois pas si c'est bien ou mal fait.
Maintenant que je vois le parti qu'il faut prendre,

ACTE III, SCÈNE V.

Je puis, par votre avis, suivre un penchant si tendre.

DÉMOCRITE.

Pour lui vous sentez donc cet appétit secret...
(à part.)
J'ai bien peur d'être ici curieux indiscret.

CRISÉIS.

Quand le prince tantôt s'est offert à ma vue
J'ai senti dans mon cœur une flamme inconnue;
Tout ce qu'il me disoit me donnoit du plaisir;
Ma bouche a laissé même échapper un soupir :
En cessant de le voir, une tristesse affreuse
Tout d'un coup m'a rendue inquiète et rêveuse;
À son air, à ses traits j'ai pensé tout le jour.
Je l'aime, si c'est là ce qu'on appelle amour.

STRABON.

Oui, voilà ce que c'est. Peste! quelle ignorante!
Vous êtes devenue en un jour bien savante!
Vous n'aviez pas besoin tantôt de nos leçons;
Ni nous, de nous étendre en définitions.

DÉMOCRITE.

Enfin donc vous aimez?

CRISÉIS.

Moi?

DÉMOCRITE.

Voilà, je vous jure,
Les symptômes d'amour que cause la nature.

CRISÉIS.

Quoi! c'est là ce qu'on nomme amour?

DÉMOCRITE.

STRABON.
Et vraiment oui.

CRISÉIS.

Si j'aime, en vérité, ce n'est que d'aujourd'hui.

DÉMOCRITE.

Vous m'aviez tant promis qu'aucun homme en votre ame
N'exciteroit jamais une amoureuse flamme.

CRISÉIS.

Je n'en connoissois point; et je les croyois tous
Tels que vous le disiez, et formés comme vous.

STRABON, *bas, à Démocrite.*

Cette sincérité devroit vous rendre sage.

DÉMOCRITE.

Je sens qu'elle a raison, et cependant j'enrage.
J'ai tort de m'emporter : reprenons désormais
L'esprit qui nous convient; rions sur nouveaux frais.
Les hommes en effet ont bien peu de prudence,
Sont bien vides de sens, bien pleins d'extravagance,
De se laisser mener par de tels animaux,
Connoissant comme ils font leur foible et leurs défauts.
Il n'en est presque point qui vingt fois en sa vie
N'ait senti les effets de quelque perfidie :
Cependant on les voit, de nouveaux feux épris,
Redonner dans le piége où l'on les a vus pris;
À grand'peine échappés de leurs derniers naufrages,
Ils vont tout de nouveau défier les orages.
Continuez, messieurs; soyez encor plus fous;
Justifiez toujours mes ris et mes dégoûts.

Ces ris dans l'avenir porteront témoignage
Que je n'ai point été la dupe de mon âge,
Et que je comprends bien que tout homme, en un mot,
Est, sans m'en excepter, l'animal le plus sot.

CRISÉIS, *à Démocrite.*

J'aime à voir que, malgré votre austère caprice,
Comme aux autres humains vous vous rendiez justice.
Je vais trouver le prince, et lui dire l'ardeur
Dont vous avez voulu parler en sa faveur.

SCÈNE VI.

DÉMOCRITE, STRABON.

STRABON.

Vous ne riez plus tant : quel chagrin vous tourmente?
La chose me paroît cependant fort plaisante.
La peste! quel enfant! Pour moi, je suis surpris
Comme aux filles l'esprit vient vite en ce pays.

DÉMOCRITE.

Commerce humain, pour moi plus mortel que la peste,
Ce n'est pas sans raison que mon cœur te déteste.

SCÈNE VII.

DÉMOCRITE, STRABON, LE MAITRE-D'HOTEL.

LE MAITRE-D'HOTEL.

Messieurs, servira-t-on? le dîner est tout prêt.

DÉMOCRITE.

STRABON.

Oui; qu'on mette à l'instant sur table, s'il vous plaît.
Allez vite. Écoutez; ferons-nous bonne chère?

LE MAITRE-D'HOTEL.

Vingt cuisiniers ont fait de leur mieux pour vous plaire.

DÉMOCRITE.

Vingt cuisiniers!

LE MAITRE-D'HOTEL.

Autant.

DÉMOCRITE.

Mais c'est bien peu, vraiment!

LE MAITRE-D'HOTEL.

Ils ont mis de leur art tout le raffinement.

DÉMOCRITE.

Qui ne riroit de voir qu'avec un soin extrême
L'homme ait inventé l'art de se tuer lui-même!
À force de ragoûts et de mets succulents
Il creuse son tombeau sans cesse avec ses dents:
Il sait le peu de jours qu'il a des destinées,
Et tâche autant qu'il peut d'abréger ses années.
Vous êtes dans votre art tous de francs assassins,
Produits par les enfers, payés des médecins;
Et, si l'on agissoit en bonne politique,
On vous banniroit tous de chaque république.

(*Il sort.*)

SCÈNE VIII.

LE MAITRE-D'HOTEL, STRABON.

STRABON.
Il faut le laisser dire, aller toujours son train,
Et, si vous le pouvez, faire encor mieux demain.

FIN DU TROISIÈME ACTE.

ACTE QUATRIÈME.

SCÈNE I.

THALER, CRISÉIS.

THALER.
En jase qui voudra, j'ai fait en homme sage
De quitter bravement les bois et le village.
On a, morgué, raison, et c'est bian mon avis,
Un homme ne fait point forteune en son pays;
Il n'y sera qu'un sot tout le temps de sa vie;
Il a biau se sentir du talent, du génie,
Être bian fait, avoir le discours bian pendu,
Bon! c'est, comme dit l'autre, autant de bian pardu.
CRISÉIS.
Vous avez le goût bon, je vous en félicite.
THALER.
Ici du premier coup on connoît le mérite;
D'aussi loin qu'on me voit, on m'ôte son chapeau.
CRISÉIS.
Vous vous trouvez donc bien de ce séjour nouveau?
THALER.
Si je m'y trouve bian! je ris, je me gobarge.
Que je sommes échus dans une bonne aubarge!

DÉMOCRITE.

Notre bijou s'en va nous être rapporté!
Notre hôte est bon vivant, disons la vérité.

CRISÉIS.

Vous ne devriez pas tenir un tel langage;
Ces termes-là, mon père, étoient bons au village :
Si l'on vous entendoit parler ainsi du roi,
On pourroit se moquer et de vous et de moi.

THALER.

Dame! je sis fâché que mon discours vous choque :
Chacun parle à sa guise, et qui voudra s'en moque.
J'ai pourtant, m'est avis, plus d'esprit que vous tous.

CRISÉIS.

Excusez si je prends cet air libre avec vous.

THALER.

Tu prétends donc apprendre à parler à ton père?

CRISÉIS.

Je ne dis pas cela pour vous mettre en colère.

THALER.

Morgué, cela m'y met. Écoute, vois-tu bian,
Dame! on n'est pas un sot, quoiqu'on ne sache rian.
Parceque te voilà de bout en bout dorée,
Ne va pas envers moi faire la mijaurée.

CRISÉIS.

Je sais trop...

THALER.

Je prétends qu'on me respecte, moi.

CRISÉIS.

Je ne manquerai point à ce que je vous doi.

DÉMOCRITE.

THALER.
C'est bian fait; quand je parle, il faut que l'on m'écoute.
CRISÉIS.
D'accord.
THALER.
Qu'on m'esteime.
CRISÉIS.
Oui.
THALER.
Me révère.
CRISÉIS.
Sans doute.
THALER.
Or donc, pour rattraper le fil de mon discours,
Que c'est un bel emploi que de hanter les cours!
Tous ces grands monsieux-là sont des gens bian honnêtes.
CRISÉIS.
Démocrite n'est pas si charmé que vous l'êtes;
Il voudroit bien déja se voir loin de ces lieux.
THALER.
Pourquoi donc, s'il vous plaît?
CRISÉIS.
Tout y blesse ses yeux;
Son cœur n'est pas content: quelque soin l'embarrasse.
Il dit qu'en ce pays ce n'est rien que grimace;
Que les hommes y sont cachés et dangereux,
Et les femmes encor bien plus à craindre qu'eux;
Que ce n'est que par art qu'elles paroissent belles;

Que leur cœur...

THALER.

Ne va pas te gâter avec elles,
Ni pour quelque monsieu te prendre ici d'amour.
Elles peuvent tout faire, elles sont de la cour,
Ces madames-là. Mais j'aperçois Démocrite.

SCÈNE II.

DÉMOCRITE, CRISÉIS, THALER.

DÉMOCRITE.

Ah! te voilà, Thaler! Ta mine hétéroclite
Me réjouit l'esprit. Serviteur, Criséis.
Dans ce riche attirail, sous ces pompeux habits,
Dirois-tu que c'est là ta fille?

THALER.

En ces matières
Tous les plus clairvoyants, ma foi, n'y voyent guères.

DÉMOCRITE.

Cela lui sied fort bien, et cet air dédaigneux
Qu'elle a pris à la cour lui sied encore mieux.

THALER.

Je m'en suis aperçu déja.

CRISÉIS, *à Démocrite.*

Je suis bien aise
Que mon air, quel qu'il soit, vous contente et vous plaise.

DÉMOCRITE, *à Criséis.*

À de plus hauts desseins vous aspirez ici,

DÉMOCRITE.

Et me plaire n'est pas votre plus grand souci.

THALER.

Morguenne, elle auroit tort. J'entends, je veux, j'ordonne
Qu'elle vous y respecte autant que ma personne :
Je suis maître... une fois.

CRISÉIS, *à Thaler.*

Je vois avec plaisir
Vos ordres s'accorder à mon juste desir.
J'obéis de grand cœur : j'aurai toute ma vie
Un très profond respect pour la philosophie.
Pour d'autres sentiments, je puis m'en dispenser,
Sans blesser mon devoir, ni sans vous offenser.

SCÈNE III.

DÉMOCRITE, THALER.

THALER.

Quelle mouche la pique ? À qui diable en a-t-elle ?
Elle a, comme cela, des vapeurs de carvelle.
Je ne sais ; mais depuis qu'elle est en ce pays,
Elle fait peu de cas de ce que je lui dis.

DÉMOCRITE.

Un soin plus important à présent la tourmente.
Auroit-on jamais cru que cette jeune plante,
Que j'avois pris plaisir d'élever de mes mains,
Eût trompé mon espoir, et trahi mes desseins ?
Agélas s'est épris, en la voyant paroître,

Du feu le plus ardent...

THALER.

Morgué, le tour est traître!

DÉMOCRITE.

La pompe de la cour, et son éclat flatteur,
Ont de ses faux brillants séduit son jeune cœur.
De son malheur prochain nous sommes les complices;
Nous l'avons amenée au bord des précipices:
Car, sans t'en dire plus, tu t'imagines bien
Le but de cet amour.

THALER.

Oui, cela ne vaut rien.

DÉMOCRITE.

Il faut abandonner la cour tout au plus vite.

THALER.

Abandonner la cour?

DÉMOCRITE.

Oui.

THALER.

C'est un si bon gîte!
Je m'y trouve si bian!

DÉMOCRITE.

Il n'importe, il le faut.
Tu dois tirer d'ici Criséis au plutôt;
C'est à toi que le roi fait la plus grande offense.

THALER.

Je le vois bian; pour faire ici sa manigance,
Morgué, le prince a tort de s'adresser à moi:

Il s'imagine donc que parcequ'il est roi...
Suffit, je ne dis mot.
DÉMOCRITE.
Il y va de ta gloire.
THALER.
C'est, morgué, pour cela qu'ils m'avont tant fait boire :
Mais ils n'en croqueront, ma foi, que d'une dent;
Je vais faire beau bruit. Sarviteur, stapendant.

SCÈNE IV.

DÉMOCRITE.
Dieux ! que fais-je ? Où m'emporte une indigne tendresse !
Suis-je donc Démocrite ? et quelle est ma foiblesse !
Pendant que je suis seul laissons agir mon cœur,
Et tirons le rideau qui cache mon ardeur.
Depuis assez long-temps mon rire satirique
Sur les autres répand une bile cynique :
Je veux sans nuls témoins rire à présent de moi;
Il ne faut point ailleurs aller chercher de quoi.
J'aime ! c'est bien à toi, philosophe rigide,
De sentir l'aiguillon d'une flamme perfide !
Et quel est cet objet qui t'apprend l'art d'aimer?
Un enfant de quinze ans ! Tu prétends la charmer,
Adonis suranné?... Mais un pouvoir suprême
Me commande, m'entraîne en dépit de moi-même.
Ah ! c'est où je t'attends, le plus lâche des cœurs !
Il te faut des chemins tout parsemés de fleurs.

Tu ne saurois saisir ces haines vigoureuses
Que sentent pour l'amour les ames généreuses ;
Tu ne peux gourmander un penchant trop fatal,
Homme pusillanime, imbécille, brutal!
Ce n'est pas encor tout; vois où va ta folie.
Toi, qui veux te targuer de la philosophie,
Tu conduis Criséis... en quels lieux? à la cour.
Ah! qu'ensemble on voit peu la prudence et l'amour!
Mais on vient. Finissons un discours si fantasque ;
Pour sauver notre honneur remettons notre masque.

SCÈNE V.

CLÉANTHIS, DÉMOCRITE.

CLÉANTHIS, *à part.*

On voit assez, à l'air dont il est habillé,
Que c'est l'original dont on nous a parlé.
   (*haut, à Démocrite.*)
Vous, qui dans les forêts avez passé la vie,
Uniquement touché de la philosophie,
Quel noir démon vous pousse à causer notre ennui?
Et que venez-vous faire à la cour aujourd'hui?

DÉMOCRITE.

Je n'en sais vraiment rien : ce que je puis vous dire,
C'est qu'ici, malgré moi, le roi m'a fait conduire,
M'a voulu transplanter, et me faire en un jour,

D'un philosophe actif, un oisif de la cour.
CLÉANTHIS.
Savez-vous bien qu'ici votre face équivoque,
Et rare en son espèce, étrangement nous choque?
DÉMOCRITE.
Je le crois; sur ce point j'ai peu de vanité;
Et mon dessein n'est pas de plaire, en vérité.
CLÉANTHIS.
Vous auriez tort : il n'est, je veux bien vous le dire,
Prince ni galopin que vous ne fassiez rire.
DÉMOCRITE.
Pourquoi non? c'est un droit qu'on acquiert en naissant;
Et rire l'un de l'autre est fort divertissant.
CLÉANTHIS.
Isméne ici m'envoie, et vous dit par ma bouche
Que votre aspect ici l'alarme et l'effarouche.
Le roi lui doit sa foi; cependant, à ses yeux,
On sait qu'à Criséis il adresse ses vœux :
Par de lâches conseils, dont vous êtes prodigue,
C'est vous, à ce qu'on dit, qui menez cette intrigue.
DÉMOCRITE.
Moi!
CLÉANTHIS.
Vous... C'est une honte, à l'âge où vous voilà,
De vouloir commencer ce vilain métier-là.
DÉMOCRITE.
Le reproche est plaisant et nouveau, je vous jure;
Je ne m'attendois pas à pareille aventure.

ACTE IV, SCÈNE V.

CLÉANTHIS.

Riez!

DÉMOCRITE.

Si vous saviez l'intérêt que j'y prends,
Vous m'accuseriez peu de ces soins obligeants:
Vous me connoissez mal. C'est une chose étrange
Comme dans ce pays on prend toujours le change!

CLÉANTHIS.

Quoi! le prince tantôt ne vous a pas commis
Le soin officieux d'attendrir Criséis?
Et vous, n'avez-vous pas pris soin de la réduire?

DÉMOCRITE.

Cela peut être vrai: mais bien loin de vous nuire,
Ce jour verroit Isméne entre les bras du roi,
S'il vouloit de son choix s'en rapporter à moi;
C'est un fait très constant.

CLÉANTHIS.

Je veux bien vous en croire;
Mais, pour ne point donner d'atteinte à votre gloire,
Partez.

DÉMOCRITE.

Soit: j'ai pourtant de quoi rire à mon goût
En ces lieux plus qu'ailleurs, et des femmes sur-tout.

CLÉANTHIS.

Et de qui ririez-vous?

DÉMOCRITE.

Mais de vous la première,
De votre air. Vos habits, vos mœurs, votre manière,

Tout en vous, haut et bas, est artificieux.
Pour paroître plus grande, et pour tromper les yeux,
On voit sur votre tête une longue coiffure,
Et sur de hauts patins vos pieds à la torture;
En sorte qu'en ôtant ces secours superflus
Il ne resteroit pas un tiers de femme au plus.

CLÉANTHIS.

Il nous en reste assez pour, telles que nous sommes,
Faire, quand nous voulons, bien enrager les hommes.
Mais partez, s'il vous plaît, demain avant le jour:
Vous ferez sagement; car aussi bien la cour,
Dont vous faites toujours quelque plainte nouvelle,
Est bien lasse de vous.

DÉMOCRITE.

Et moi, bien plus las d'elle;
Et je vais de ce pas préparer avec soin
Que l'aurore en naissant m'en trouve déja loin.

SCÈNE VI.

CLÉANTHIS.

L'affaire est en bon train pour la princesse Isméne:
Mais pour mon compte, à moi, je suis assez en peine.
Je voudrois arrêter le disciple en ces lieux:
Il a touché mon cœur en s'offrant à mes yeux;
Son tour d'esprit me charme; il fait tout avec grace:
Il n'est rien que pour lui de bon cœur je ne fasse.

Le ciel me le devoit, pour me récompenser
De mon premier mari. Je le vois s'avancer.

SCÈNE VII.

CLÉANTHIS, STRABON.

STRABON, *à part.*

Ouf, je suis bien guedé! Par ma foi, la science
Ne s'acquiert point du tout à force d'abstinence.
C'est mon système à moi: l'esprit croît dans le vin;
Je m'en sens déja plus trois fois que ce matin.
Je me venge à longs traits de la philosophie.
   (*à Cléanthis.*)
Hé! vous voilà, princesse, infante de ma vie!
Vous voyez un seigneur fort satisfait de soi,
Un convive échappé de la table du roi:
Il tient bon ordinaire, et je l'en félicite.

CLÉANTHIS.

Au disciple fameux du savant Démocrite,
Plus qu'à nul autre humain, cet honneur étoit dû.

STRABON.

C'est un petit repas que le roi m'a rendu:
Nous nous traitons parfois.

CLÉANTHIS.

     Vous ne sauriez mieux faire;
Rien ne fait les amis comme la bonne chère,
Quoiqu'on embrasse ici les gens de tous métiers

Bien moins pour l'amour d'eux que de leurs cuisiniers.
STRABON.
Cet honneur, quoique grand, ne me toucheroit guère
Si je n'étois bien sûr du bonheur de vous plaire.
Vous aimer est un bien pour moi plus précieux
Qu'être admis à la table et des rois et des dieux;
Et l'on ne leur sert point, même en des jours de fêtes,
De morceau si friand à mon goût que vous l'êtes.
CLÉANTHIS.
N'êtes-vous point de ceux dont l'usage est connu,
Qui ne sont amoureux que quand ils ont bien bu;
À qui beaucoup de vin fait sortir la tendresse;
Qui vont en cet état aux pieds de leur maîtresse
Exhaler les transports de leurs brûlants desirs,
Et pousser des hoquets en guise de soupirs?
De nos jeunes seigneurs c'est assez la manière.
STRABON.
Ma tendresse n'est point d'un pareil caractère;
Bacchus n'est pas chez moi l'interprète d'amour:
J'ai près du sexe enfin l'air de la vieille cour.
Mon cœur s'est laissé prendre en vous voyant paroître,
Et de ses mouvements n'a plus été le maître;
L'esprit, la belle humeur, la grace, la beauté,
Tout en vous s'est uni contre ma liberté.
CLÉANTHIS.
Ce n'est point un retour de pure complaisance
Qui me fait hasarder la même confiance,
Mais je vous avouerai qu'à vos premiers regards

ACTE IV, SCÈNE VII.

Mon foible cœur s'est vu percé de toutes parts.
Je ne sais quel attrait, et quel charme invisible
En un instant a pu me rendre si sensible;
Et je n'ai point senti de transports aussi doux
Pour tout autre mortel que j'en ressens pour vous.

STRABON.

En vous réciproquant, vous êtes, je vous jure,
De ces heureux transports payée avec usure.
L'on n'a jamais senti des feux si violents
Que ceux qu'auprès de vous et pour vous je ressens.
Mais ne puis-je savoir, en voyant tant de charmes,
Quel est l'aimable objet à qui je rends les armes?

CLÉANTHIS.

Bon! que vous serviroit de savoir qui je suis?
Ce nous seroit peut-être une source d'ennuis,
Après vous avoir fait l'aveu de ma foiblesse.

STRABON.

Ah! que cette pudeur augmente ma tendresse!

CLÉANTHIS.

Je devrois bien plutôt songer à me cacher.

STRABON.

Rien de vous découvrir ne doit vous empêcher.

CLÉANTHIS.

L'homme est d'un naturel si volage et si traître...
Qui le sait mieux que moi?

STRABON.

                Vous en avez peut-être
Été souvent trahie? Ici, comme en tous lieux,

DÉMOCRITE.

La femme, à mon avis, ne vaut pas beaucoup mieux.
J'en ai, pour mes péchés, quelquefois fait l'épreuve.
Êtes-vous fille?

CLÉANTHIS.

Non.

STRABON.

Femme?

CLÉANTHIS.

Point du tout.

STRABON.

Veuve?

CLÉANTHIS.

Je ne sais.

STRABON.

Oh! parbleu, vous vous moquez de nous.
De quelle espéce donc, s'il vous plaît, êtes-vous?

CLÉANTHIS.

Je fus fille autrefois, et pour telle employée.

STRABON.

Je le crois.

CLÉANTHIS.

A quinze ans je me suis mariée:
Mais, depuis le long temps que sans époux je vis,
Je ne saurois passer pour femme, à mon avis;
Ni pour veuve non plus, puisqu'en effet j'ignore
Si le mari que j'eus est mort, ou vit encore.

STRABON.

Ce discours, quoique abstrait, me paroît assez bon.

Je ne suis, comme vous, homme, veuf, ni garçon;
Et mon sort de tout point est si conforme au vôtre,
(*) Qu'il semble que le ciel nous ait faits l'un pour l'autre.
CLÉANTHIS, *à part.*
Homme, veuf, ni garçon!
STRABON, *à part.*
      Fille, femme, ni veuve!
CLÉANTHIS, *à part.*
Le cas est tout nouveau.
STRABON, *à part.*
      L'aventure est très neuve.
(à Cléanthis.)
Depuis quand, s'il vous plaît, vivez-vous sans époux?
CLÉANTHIS.
Depuis près de vingt ans je goûte un sort si doux.
J'avois pris un mari fourbe, plein d'injustices,
Qui d'aucune vertu ne rachetoit ses vices,
Ivrogne, débauché, scélérat, ombrageux.
Pour sa mort je faisois tous les jours mille vœux.
Enfin le ciel plus doux, touché de ma misère,
Lui fit naître en l'esprit un dessein salutaire;
Il partit, me laissant, par bonheur, sans enfants.
STRABON.
C'est tout comme chez nous. Depuis le même temps,
Inspiré par le ciel, je quittai ma patrie,
Pour fuir loin de ma femme, ou plutôt ma furie :

(*) Après ce vers il en manque deux de rime masculine.

Jamais un tel démon ne sortit des enfers.
C'étoit un vrai lutin, un esprit de travers,
Un vieux singe en malice, insolente, revêche,
Coquette, sans esprit, menteuse, pigrièche.
À la noyer cent fois je m'étois attendu;
Mais je n'en ai rien fait de peur d'être pendu.

CLÉANTHIS.

Cette femme vous est vraiment fort obligée!

STRABON.

Bon! tout autre que moi ne l'eût point ménagée;
Elle auroit fait le saut.

CLÉANTHIS.

Et, de grace, en quels lieux
Aviez-vous épousé ce chef-d'œuvre des cieux?

STRABON.

Dans Argos.

CLÉANTHIS, *à part.*

Dans Argos!

STRABON.

Où la fortune a-t-elle
Mis en vos mains l'époux d'un si rare modéle?

CLÉANTHIS.

Dans Argos.

STRABON, *à part.*

Dans Argos!

(*haut.*)

Et, s'il vous plaît, quel nom
Portoit ce cher époux?

ACTE IV, SCÈNE VII.

CLÉANTHIS.

Il se nommoit Strabon.

STRABON.

(*à part.*)

Strabon! Haï!

CLÉANTHIS.

Pourroit-on aussi, sans vous déplaire,
Savoir quel nom portoit cette épouse si chère?

STRABON.

Cléanthis.

CLÉANTHIS.

Cléanthis! c'est lui.

STRABON.

C'est elle! ô dieux!

CLÉANTHIS.

Ses traits n'en disent rien; mais je le sens bien mieux
Au soudain changement qui se fait dans mon ame.

STRABON.

Madame, par hasard, n'êtes-vous point ma femme?

CLÉANTHIS.

Monsieur, par aventure, êtes-vous mon époux?

STRABON.

Il faut que cela soit; car je sens que pour vous
Dans mon cœur tout-à-coup ma flamme est amortie,
Et fait en ce moment place à l'antipathie.

CLÉANTHIS.

Ah! te voilà donc, traître! Après un si long temps,
Qui t'amène en ces lieux? Qu'est-ce que tu prétends?

STRABON.

M'en aller au plutôt. Que ma surprise est forte!
Dis-moi, ma chère enfant, pourquoi n'es-tu pas morte?

CLÉANTHIS.

Pourquoi n'es-tu pas morte! Indigne, scélérat,
Déserteur de ménage, et maudit renégat,
Pour t'arracher les yeux.

STRABON.

Ah! doucement, madame.

(à part.)

O pouvoir de l'hymen, quel retour en mon ame!

CLÉANTHIS, à part.

Je ressentois pour lui les transports les plus doux;
Hélas! qu'allois-je faire? il étoit mon époux.

(haut.)

Va, fuis. Que le démon, qui te prit en ton gîte
Pour t'amener ici, t'y remporte au plus vite.
Évite ma fureur; retourne dans tes bois.

STRABON.

Non, il ne faudra pas me le dire deux fois.
J'aime mieux être ermite, et brouter des racines,
Revoyager vingt ans, nu-pieds, sur des épines,
Que de vivre avec vous. Adieu.

CLÉANTHIS.

Que je le hais!

STRABON.

Qu'elle est laide à présent, et qu'elle a l'air mauvais!

FIN DU QUATRIÈME ACTE.

ACTE CINQUIÈME.

SCÈNE I.

STRABON.

Je suis tout confondu. Quelle étrange aventure!
Ma femme en ce pays, et dans cette figure!
La coquine aura su par quelque ami présent
Se faire consoler de son époux absent:
Mais elle n'aura pas plus long-temps l'avantage
D'anticiper les droits d'un prétendu veuvage.
J'ai fait réflexion sur son sort et le mien:
Je ne veux point quitter des lieux où je suis bien.
Assez et trop long-temps un chagrin domestique
M'a fait souffrir les maux d'un exil tyrannique;
Et, puisque mon destin m'amène en ce séjour,
Je veux sur mes foyers demeurer à mon tour.
De me voir en ces lieux si mon épouse gronde,
Elle peut à son tour aller courir le monde.

SCÈNE II.

STRABON, THALER.

THALER.

Palsangué, je commence à me mettre en souci;
Mon bijou ne vient point. Voyez-vous! ces gens-ci

Vous promettont assez; mais ils ne tenont guère.

STRABON.

Quoi?

THALER.

Vous ne savez pas ce qu'on me viant de faire?

STRABON.

Non.

THALER.

Vous avez grand tort.

STRABON.

Soit; mais je n'en sais rien.

THALER.

Vous avez vu tantôt ce bracelet?

STRABON.

Eh bien?

THALER.

Bon! ne me l'ont-ils pas déja pris?

STRABON.

Comment diable!

THALER.

Ils m'ont mis sur le corps cet habit honorable,
Disant que l'autre étoit trop ignominieux.
Je me suis vu si brave, et j'étois si joyeux,
Que je n'ai pas songé de fouiller dans ma poche;
Ils l'avont fait.

STRABON.

Le tour est digne de reproche.
Ta mémoire t'a là joué d'un vilain trait.

ACTE V, SCÈNE II.

THALER.

On est si partroublé qu'on ne sait ce qu'on fait.
Mais le roi m'a promis de me le faire rendre:
Pour cela tout exprès je viens ici l'attendre;
Après quoi je dirons sarviteur à la cour.

STRABON.

Le serpent sous les fleurs se cache en ce séjour:
J'y viens d'en trouver un... Mais qui peut t'y déplaire?
T'a-t-on fait quelque piéce encor?

THALER.

      Tout au contraire,
C'est à qui me fera tout le plus d'amiquié:
L'un me baille un soufflet, et l'autre un coup de pied,
L'autre une croquignole; enfin chacun s'empresse,
Tout du mieux qu'il le peut, à me faire caresse:
On me fait plus d'honneur que je ne vaux cent fois.
J'ai vu manger le roi tout comme je te vois,
Et tout de bout en bout.

STRABON.

    Tu l'as vu?

THALER.

       Face à face.
Comme ces gros monsieux je tenois là ma place;
Et stapandant j'avois du chagrin dans le cœur.

STRABON.

Du chagrin! et pourquoi?

THALER.

    Morgué, j'ons de l'honneur;

DÉMOCRITE.

Et l'on dit qu'Agélas en veut à notre fille.
STRABON.
Voyez le grand malheur!
THALER.
Morgué, dans la famille
J'ons toujours été droit, hors notre femme, dà,
Qui faisoit jaser d'elle un peu par-ci par-là.
STRABON.
Te voilà bien malade! Elle tient de sa mère.
Prétends-tu réformer cet usage ordinaire?
THALER.
Ce seroit un affront.
STRABON.
Je suis en même cas,
Et l'on ne m'entend point faire tant de fracas.
C'est tant mieux, animal, si le sort favorable
Veut élever ta fille en un rang honorable.
THALER.
Tant mieux! Qui dit cela?
STRABON.
C'est moi qui te le dis.
THALER.
Les uns disent tant mieux, et les autres tant pis.
Dame! accordez-vous donc.
STRABON.
Crois-moi, n'en fais que rire.
THALER.
Si j'avois mon joyau, je les laisserois dire.

ACTE V, SCÈNE II.

STRABON.

La fortune m'a bien joué d'un autre tour;
J'ai bien plus de sujet de me plaindre à mon tour.
Un chagrin différent s'empare de notre ame:
Tu perds ton bracelet, moi je trouve ma femme.

THALER.

Comment donc votre femme! Êtes-vous marié?

STRABON.

Hélas! mon pauvre enfant, je l'avois oublié;
Mais le diable en ces lieux (qui l'eût pu jamais croire?)
M'en a subitement rafraîchi la mémoire.

SCÈNE III.

CLÉANTHIS, STRABON, THALER.

STRABON.

Ah! la voilà qui vient; c'est elle, je la voi.

THALER.

Qu'elle a de biaux habits!

STRABON.

                Ils ne sont pas de moi.

CLÉANTHIS, *à Strabon.*

Quoi! malgré les transports dont mon ame est émue,
Oses-tu bien encor te montrer à ma vue?
Et pourquoi n'es-tu pas déja bien loin d'ici?

STRABON.

Vous vous y trouvez bien, et moi fort bien aussi.
Si mon fatal aspect ici vous importune,

Je vous permets d'aller chercher ailleurs fortune.
CLÉANTHIS.
Où puis-je aller pour fuir un si funeste objet?
(*Thaler regarde Cléanthis avec attention.*)
STRABON.
Vous pouvez voyager vingt ans comme j'ai fait;
Ou, si de la sagesse un beau feu vous excite,
Allez dans les déserts, et suivez Démocrite :
De vous voir avec lui je serai peu jaloux.
CLÉANTHIS.
Sors vite de ces lieux; redoute mon courroux.
(*à Thaler.*)
As-tu bientôt assez contemplé ma figure?
THALER, *à part.*
J'ai quelque souvenir de cette créature.
STRABON.
C'est là que l'on apprend à corriger ses mœurs,
Et d'un flegme moral réprimer les aigreurs.
CLÉANTHIS.
Je veux, quand il me plaît, moi, me mettre en colère.
THALER, *à part.*
C'est elle; je le vois, plus je la considère.
STRABON.
N'adoucirez-vous point cet esprit pétulant?
THALER, *à part.*
Voilà celle qui vint m'apporter son enfant.
CLÉANTHIS.
Ma haine, en te voyant, s'irrite dans mon ame,

ACTE V, SCÈNE III.

Lâche, perfide époux!

THALER, *à Strabon.*

C'est donc là votre femme?

STRABON.

Hélas! oui.

THALER, *à Cléanthis, la prenant par le bras.*

Payez-moi ce que vous me devez.

CLÉANTHIS.

Ce que je vous dois?

THALER.

Oui, s'il vous plaît.

CLÉANTHIS.

Vous rêvez.
Je ne vous connois point, mon ami, je vous jure.

THALER.

Je vous connois bien, moi. Quinze ans de nourriture
Pour un de vos enfants.

CLÉANTHIS.

Pour un de mes enfants?

STRABON.

Pour un de nos enfants! Ciel! qu'est-ce que j'entends?
Je n'en eus jamais d'elle; et c'est nous faire honte.

THALER, *à Strabon.*

Elle n'a pas laissé d'en avoir à bon compte.

STRABON.

D'en avoir! Justes dieux! verrai-je d'un œil sec
Le front d'un philosophe endurer tel échec?

CLÉANTHIS, *à Thaler*.

Quoi! tu pourrois, maraud, avec pareille audace,
(*à part.*)
Me soutenir... J'ai vu quelque part cette face.

THALER, *à Cléanthis*.

Oui, je le soutiendrai. C'est, palsanguenne, vous,
Qui vint, par un matin, mettre un enfant cheux nous,
Si bian que vous disiez que vous étiez sa mère.

CLÉANTHIS.

Qui, moi?

THALER, *à Strabon*.

Je suis ravi que vous soyez son père;
C'est un gentil enfant.

STRABON, *à Cléanthis*.

M'avoir joué ce trait,
Sans t'en avoir donné jamais aucun sujet!

CLÉANTHIS.

Vous êtes fous tous deux.

STRABON.

Me donner, infidèle,
Un enfant clandestin!... Est-il mâle ou femelle?

THALER.

C'est une belle fille, et laquelle, ma foi,
Ne vous ressemble guère.

STRABON.

Oh! vraiment, je le croi.

SCÈNE IV.

AGÉLAS, DÉMOCRITE, CRISÉIS, STRABON, CLÉANTHIS, THALER.

DÉMOCRITE, *à Agélas.*

Seigneur, il ne faut pas m'arrêter davantage :
Je joue en votre cour un fort sot personnage ;
Et, quand vous me forcez à rester dans ces lieux,
Je sais que ce n'est point du tout pour mes beaux yeux.

AGÉLAS.

Votre rare mérite en est l'unique cause.

DÉMOCRITE.

Mon mérite ? Ah ! vraiment, c'est bien prendre la chose.
Si vous le connoissiez en effet tel qu'il est,
Vous verriez qu'il n'est pas tout ce qu'il vous paroît.

AGÉLAS.

Ici votre présence est encor nécessaire.
Je veux que vous voyiez terminer une affaire ;
Après quoi vous pourrez, libres dans vos desseins,
Vous, Thaler, et Strabon, chercher d'autres destins.

DÉMOCRITE.

Quelle affaire ?

AGÉLAS.

Je veux qu'un heureux mariage
Par des nœuds éternels à Criséis m'engage.

THALER.

À ma fille ?...

DÉMOCRITE.
(*à part.*)
Morgué, ces courtisans de cour
Ont tous, comme cela, des vartigos d'amour.
CRISÉIS.
Il ne faut point, seigneur, surprendre ma foiblesse
Par le flatteur aveu d'une feinte tendresse.
Je connois votre rang, de plus je me connois :
Vous respecter, seigneur, est tout ce que je dois.
AGÉLAS.
Les dieux et les destins en vain par la naissance
Ont mis entre nous deux une vaste distance :
J'en appelle à l'amour; il est beaucoup plus fort
Que le sang, que les lois, que les dieux et le sort.
(*) Je veux sur votre front mettre le diadème.
THALER, *à Criséis*.
Ne va pas t'y fier; ce n'est qu'un stratagème.

SCÈNE V.

ISMÈNE, AGÉLAS, AGÉNOR, CRISÉIS, DÉMOCRITE, CLÉANTHIS, STRABON, THALER.

ISMÈNE, *à Agélas*.
Seigneur, il court un bruit que je ne saurois croire;
Il intéresse trop mes droits et votre gloire :

(*) Ou ce vers et le suivant sont de trop, ou il manque après eux deux vers avec rimes masculines.

ACTE V, SCÈNE V.

J'apprends que, vous laissant séduire par l'amour,
Vous voulez épouser Criséis en ce jour.

AGÉLAS.

Le bruit qui se répand ne me fait nul outrage :
Un inconnu pouvoir à cet hymen m'engage ;
Et mon choix, l'élevant dans ce rang glorieux,
Peut réparer assez l'injustice des dieux.

DÉMOCRITE, *à Agélas.*

Vous voulez tout de bon en faire votre femme ?

AGÉLAS.

Jamais aucun espoir n'a tant flatté mon ame.

THALER, *à part.*

Tatigué, queu malin !

(*à Agélas.*)

Rendez-moi mon bijou,
Et je prends pour partir mes jambes à mon cou.

AGÉNOR, *donnant le bracelet au roi.*

Par les soins que j'ai pris on vient de me le rendre ;
Seigneur, je vous l'apporte.

THALER.

On m'a bien fait attendre.

N'en a-t-on rien ôté ?

AGÉLAS.

Les yeux sont éblouis

(*à Thaler.*)

Des traits du feu qu'on voit... Mais d'où vient ce rubis ?

THALER.

Du pays des rubis. Il est à notre fille.

DÉMOCRITE.

AGÉLAS.

Comment?

THALER.

Oui. C'est, seigneur, un bijou de famille.

AGÉLAS.

Éclaircis-nous le fait sans feinte et sans détour.

THALER.

Mais tout ce que je dis est plus clair que le jour.

AGÉLAS.

Ce discours ambigu cache quelque mystère :
Explique-toi.

THALER.

Morgué, je ne suis point son père,
Puisqu'il faut vous le dire et parler tout de bon.

CRISÉIS.

Juste ciel!

THALER.

Je ne fais que lui prêter mon nom,
Comme bien d'autres font.

CLÉANTHIS, *à part.*

Le dénouement s'avance.

AGÉLAS.

Et quel est donc celui qui lui donna naissance?

STRABON, *à part.*

Ce n'est pas moi, toujours.

THALER, *montrant Cléanthis.*

Cette femme, je croi,
Si vous l'interrogez, le dira mieux que moi.

ACTE V, SCÈNE V.

La drôlesse, un matin, s'en vint, bon jour, bonne œuvre,
Jusqu'à notre maison porter ce biau chef-d'œuvre.

CLÉANTHIS.

Moi? quelle calomnie!

THALER, *à Cléanthis.*

Oh! je vous connois bien.

CLÉANTHIS.

Qui? moi, j'aurois...

THALER.

Oui, vous.

AGÉLAS, *à Cléanthis.*

Ne dissimule rien.

CLÉANTHIS.

Seigneur, j'ai satisfait aux ordres de la reine,
Qui de son premier lit n'ayant pour fruit qu'Isméne,
Et lui voulant au trône assurer tous les droits,
M'obligea de porter sa fille dans les bois.

AGÉLAS.

Puis-je croire, grands dieux! cette étrange aventure?
Mais, hélas! n'est-ce point une heureuse imposture?

CLÉANTHIS.

Seigneur, ce bracelet avecque ce rubis
Rendent le fait constant.

STRABON, *à part.*

Je reprends mes esprits.

AGÉLAS, *à Criséis.*

Il est temps qu'à présent, puisque le ciel l'ordonne,
Je remette à vos pieds le sceptre et la couronne.

DÉMOCRITE.

Je vous rends votre bien, madame; et désormais
Je ne le puis tenir que de vos seuls bienfaits.

CRISÉIS.

Je ne me plaignois point du sort où j'étois née :
Maintenant que le ciel, changeant ma destinée,
Veut réparer les maux qu'il m'avoit fait souffrir,
Je me plains de n'avoir qu'un cœur à vous offrir.

AGÉLAS, *à Isméne.*

Madame, vous voyez mon destin et le vôtre :
Le ciel ne nous a point fait naître l'un pour l'autre;
Mais ce prince pourra, sensible à vos attraits,
De la perte du trône adoucir les regrets.

ISMÈNE.

Agénor à mes yeux vaut bien une couronne.

AGÉNOR.

Seigneur...

AGÉLAS, *à Thaler.*

Vous, dont je tiens cette aimable personne,
Demandez; je ne puis trop vous récompenser.

THALER.

Faites-moi maltôtier toujours pour commencer.

DÉMOCRITE, *à Agélas.*

Seigneur, depuis long-temps je garde le silence;
Un tel événement étourdit ma prudence :
Interdit et confus de tout ce que je vois,
J'ai peine à retrouver l'usage de la voix.
Il est temps cependant de me faire connoître.
Je n'ai point été tel que j'ai voulu paroître.

ACTE V, SCÈNE V.

Vraiment foible au-dedans, philosophe au-dehors,
L'esprit étoit la dupe et l'esclave du corps.
Deux yeux, deux yeux charmants, avoient, pour ma ruine,
Détraqué les ressorts de toute la machine.
De la philosophie en vain on suit les lois,
La nature en nos cœurs ne perd jamais ses droits.
En comptant nos défauts, je vois, plus je calcule,
Qu'il n'est point de mortel qui n'ait son ridicule ;
Le plus sage est celui qui se cache le mieux.
J'étois amoureux.

AGÉLAS.

Vous ?

CLÉANTHIS.

Vous étiez amoureux ?

DÉMOCRITE.

L'amour m'avoit forcé, pour traverser ma vie,
Dans les retranchements de la philosophie.
(*montrant Criséis.*)
Voilà l'objet fatal, le véritable écueil
Où la fière sagesse a brisé son orgueil.

CLÉANTHIS.

Vous aimiez Criséis ?

DÉMOCRITE.

La partie animale
Avoit pris, malgré moi, le pas sur la morale ;
La nature perverse entraînoit la raison.
À l'univers entier j'en demande pardon.
Adieu.

AGÉLAS.

Ne partez point; il y va de ma gloire.

DÉMOCRITE.

Faut-il que j'orne encor votre char de victoire?
Je ne me trouve pas assez bien de la cour,
Seigneur, pour y vouloir faire un plus long séjour.
J'ai fait en m'y montrant une folie extrême;
J'y vins comme un franc sot, et je m'en vais de même:
Trop heureux d'en partir libre de passion,
Et d'avoir de critique ample provision!
J'en ai fait à la cour un recueil à bon titre:
Je me mets, je l'avoue, en tête du chapitre
De ceux que l'amour fait à l'excès s'oublier;
Mais, sans le bracelet, vous étiez le premier.
Je vais chercher des lieux où la philosophie
Ne soit plus exposée à cette épilepsie.
Dans un antre plus creux, achevant mon emploi,
Je vais rire de vous; riez aussi de moi.

(*Il sort.*)

SCÈNE VI.

ISMÈNE, AGÉLAS, AGÉNOR, CRISÉIS, CLÉANTHIS, STRABON, THALER.

AGÉLAS.

(*à Criséis.*)

Tâchons de l'arrêter. Nous, cependant, madame,
Allons pour couronner une si belle flamme.

SCÈNE VII.

CLÉANTHIS, STRABON.

STRABON.
Eh bien! que dirons-nous? Partirai-je avec lui?
CLÉANTHIS.
Je suis bien en courroux : si pourtant aujourd'hui
Tu voulois un peu mieux m'aimer...
STRABON.
Déja, coquine,
Tu voudrois me tenir; je le vois à ta mine.
Je te pardonne tout; fais-moi grace à ton tour :
Oublions le passé, renouvelons d'amour.
Je ne serai pas seul qui, d'une ame enchantée,
Aura repris sa femme après l'avoir quittée.

FIN DE DÉMOCRITE.

LE RETOUR
IMPRÉVU,

COMÉDIE
EN UN ACTE, ET EN PROSE,

Représentée, pour la première fois,
le jeudi 11 février 1700.

ACTEURS.

GÉRONTE, père de Clitandre.
CLITANDRE, amant de Lucile.
MADAME BERTRAND, tante de Lucile.
LUCILE.
CIDALISE.
LE MARQUIS.
LISETTE.
M. ANDRÉ, usurier.
MERLIN, valet de Clitandre.
JAQUINET, valet de Géronte.

La scène est à Paris.

LE RETOUR IMPRÉVU,

COMÉDIE.

SCÈNE I.

MADAME BERTRAND, LISETTE.

MADAME BERTRAND.

Ah! vous voilà! Je suis fort aise de vous rencontrer. Parlons ensemble un peu sérieusement, je vous prie, mademoiselle Lisette.

LISETTE.

Aussi sérieusement qu'il vous plaira, madame Bertrand.

MADAME BERTRAND.

Savez-vous bien que je suis fort mécontente de la conduite et des manières de ma nièce?

LISETTE.

Comment donc, madame! que fait-elle de mal, s'il vous plaît?

MADAME BERTRAND.

Elle ne fait rien que de mal; et le pis que j'y trouve,

c'est qu'elle garde auprès d'elle une coquine comme vous, qui ne lui donnez que de mauvais conseils, et qui la poussez dans un précipice où son penchant ne l'entraîne déja que trop.

LISETTE.

Voilà un discours très sérieux au moins, madame; et, si je répondois aussi sérieusement, la fin de la conversation pourroit bien faire rire : mais le respect que j'ai pour votre âge, et pour la tante de ma maîtresse, m'empêchera de vous répondre avec aigreur.

MADAME BERTRAND.

Vous avez bien de la modération!

LISETTE.

Il seroit à souhaiter, madame, que vous en eussiez autant; vous ne seriez pas la première à scandaliser votre niéce, et à la décrier, comme vous faites, dans le monde, par des discours qui n'ont point d'autre fondement que le déréglement de votre imagination.

MADAME BERTRAND.

Comment, impudente! le déréglement de mon imagination! C'est le déréglement de vos actions qui me fait parler; il n'y a rien de plus horrible que la vie que vous faites.

LISETTE.

Comment donc, madame? quelle vie faisons-nous, s'il vous plaît?

MADAME BERTRAND.

Quelle? Y a-t-il rien de plus scandaleux que la dé-

SCÈNE I.

pense que Lucile fait tous les jours? une fille qui n'a pas un sou de revenu!

LISETTE.

Nous avons du crédit, madame.

MADAME BERTRAND.

C'est bien à elle d'avoir seule une grosse maison, des habits magnifiques!

LISETTE.

Est-il défendu de faire fortune?

MADAME BERTRAND.

Et comment la fait-elle, cette fortune?

LISETTE.

Fort innocemment; elle boit, mange, chante, rit, joue, se promène : les biens nous viennent en dormant, je vous en assure.

MADAME BERTRAND.

Et la réputation se perd de même. Elle verra ce qui lui arrivera; elle n'aura pas un sou de mon bien. Premièrement, ma fille unique ne veut plus être religieuse; je m'en vais la marier : mon frère le chanoine, qui lui en veut depuis long-temps, la déshéritera; car il est vindicatif. Patience, patience; elle ne sera pas toujours jeune.

LISETTE.

Hé! vraiment, c'est pour cela que nous songeons à profiter de la belle saison.

MADAME BERTRAND.

Oui! fort bien! et tout le profit qui vous en demeurera, c'est que vous mourrez toutes deux à l'hôpital, et déshonorées encore.

LISETTE.

Oh! pour cela non, madame; un bon mariage va nous mettre à couvert de la prédiction.

MADAME BERTRAND.

Un bon mariage! Elle va se marier?

LISETTE.

Oui, madame.

MADAME BERTRAND.

À la bonne heure; je ne m'en mêle point; je la renonce pour ma niéce, et je ne prétends pas aider à tromper personne. Adieu.

LISETTE.

Nous ferons bien nos affaires sans vous; ne vous mettez pas en peine.

MADAME BERTRAND.

Je crois que ce sera quelque belle alliance!

LISETTE.

Ce sera un mariage dans toutes les formes; et, quand il sera fait, vous serez trop heureuse de nous faire la cour et d'être la tante de votre niéce.

SCÈNE II.

MERLIN, LISETTE.

MERLIN.

Bonjour, ma chère enfant. Qui est cette vieille madame avec qui tu étois en conversation?

LISETTE.

Quoi! tu ne connois pas madame Bertrand, la tante de ma maîtresse?

MERLIN.

Si fait vraiment, je ne connois autre; je ne l'avois pas bien envisagée.

LISETTE.

C'est une femme fort à son aise, qui a de bonnes rentes sur la ville, des maisons à Paris. Lucile est fort bien apparentée, au moins.

MERLIN.

Oui; mais elle n'en est pas plus riche.

LISETTE.

Il ne faut désespérer de rien; cela peut venir. S'il lui mouroit trois oncles, deux tantes, trois couples de cousins-germains, deux paires de neveux et autant de nièces, elle se trouveroit une grosse héritière.

MERLIN.

Comment diable! Mais, sais-tu bien qu'en temps de

peste cette fille-là pourroit devenir un très gros parti?

LISETTE.

Le parti n'est pas mauvais dès à présent; et la beauté...

MERLIN.

Tu as raison, sa beauté lui tient lieu de tout; et mon maître est absolument déterminé à l'épouser.

LISETTE.

Et elle, absolument déterminée à épouser ton maître.

MERLIN.

Il y aura peut-être quelque tribulation à essuyer au retour de notre bon-homme de père : mais il ne reviendra pas sitôt; nous aurons le temps de nous préparer; et mon maître ne sera pas malheureux s'il n'a que ce chagrin-là de son mariage.

LISETTE.

Comment donc? Que veux-tu dire?

MERLIN.

Le mariage est sujet à de grandes révolutions.

LISETTE.

Ah! ah! tu es encore un plaisant visage, de croire que Clitandre puisse jamais se repentir d'avoir épousé Lucile, une fille que j'ai élevée!

MERLIN.

Tant pis.

LISETTE.

Une fille belle, jeune et bien faite!

SCÈNE II.

MERLIN.

Il n'y a pas là de quoi se rassurer.

LISETTE.

Une fille aisée à vivre!

MERLIN.

La plupart des filles ne le sont que trop.

LISETTE.

Une fille sage et vertueuse!

MERLIN.

Et c'est toi qui l'as élevée?

LISETTE.

Parle donc, maraud; que veux-tu dire?

MERLIN.

Tiens, veux-tu que je te parle franchement? cette alliance ne me plaît point du tout; et je ne prévois pas que nous y trouvions notre compte ni l'un ni l'autre. Clitandre fait de la dépense, parcequ'il est amoureux : l'amour rend libéral; le mariage corrige l'amour. Si mon maître devenoit avare, où en serions-nous?

LISETTE.

Il est d'un naturel trop prodigue pour devenir jamais trop économe. A-t-il donné de bons ordres pour le régal d'aujourd'hui?

MERLIN.

Je t'en réponds. Trois garçons de la Guerbois viennent d'arriver avec tout leur attirail de cuisine; Camel, le fameux Camel, marchoit à leur tête. L'illustre Forel a envoyé six douzaines de bouteilles de vin de Champagne, comme il n'y en a point : il l'a fait lui-même.

LISETTE.

Tant mieux ; j'aime la bonne chère.

SCÈNE·III.

CLITANDRE, MERLIN, LISETTE.

LISETTE, *à Merlin*.

Mais voici ton maître.

CLITANDRE.

Hé! bonjour, ma chère Lisette : comment te portes-tu, mon enfant? Que fait ta belle maîtresse?

LISETTE.

Elle est chez elle avec Cidalise.

CLITANDRE.

Va, cours, ma chère Lisette, la prier de se rendre au plutôt ici; je n'ai d'heureux moments que ceux que je passe avec elle.

LISETTE.

Que vous êtes bien faits l'un pour l'autre! Elle s'ennuie à la mort, quand elle ne vous voit point : elle ne tardera pas, je vous en réponds.

SCÈNE IV.

CLITANDRE, MERLIN.

MERLIN.

Eh bien! monsieur, vous allez donc épouser? Vous voici, grace au ciel, bientôt à la conclusion de votre amour, et à la fin de votre argent. C'est vraiment bien fait de terminer ainsi toutes ses affaires. Mais, s'il vous plaît, qu'allons-nous faire en attendant le retour de monsieur votre père, qui est en Espagne depuis un an, pour les affaires de son commerce? Et que ferons-nous quand il sera revenu?

CLITANDRE.

Que tu es impertinent avec tes réflexions! Hé! mon ami, jouissons du présent, n'ayons point de regret au passé, et ne lisons point des choses fâcheuses dans l'avenir. N'as-tu pas reçu de l'argent pour moi ces jours passés?

MERLIN.

Il n'y a que trois semaines que j'ai touché une demi-année d'avance de ce fermier à qui vous avez donné quittance de l'année entière.

CLITANDRE.

Bon.

MERLIN.

J'ai reçu l'autre semaine dix-huit cents livres de

ce curieux, pour ces deux grands tableaux dont votre père avoit refusé deux mille écus quelque temps avant que de partir.

CLITANDRE.

Bon.

MERLIN.

Bon? J'ai encore eu deux cents louis d'or de ce fripier pour cette tapisserie que monsieur votre père avoit achetée, il y a deux ans, cinq mille francs à un inventaire.

CLITANDRE.

Bon.

MERLIN.

Oui, oui, nous avons fait de bons marchés pendant son absence, n'est-ce pas?

CLITANDRE.

Voilà un petit rafraîchissement qui nous ménera quelque temps, et nous travaillerons ensuite sur nouveaux frais.

MERLIN.

Travaillez-y donc vous-même : car, pour moi, je fais conscience d'être l'instrument et la cheville ouvrière de votre ruine : c'est par mes soins que vous avez trouvé le moyen de dissiper plus de dix mille écus, sans compter douze ou quinze mille francs que vous devez encore à plusieurs quidams, usuriers ou notaires (c'est presque la même chose), qui nous vont tomber sur le corps au premier jour.

SCÈNE IV.

CLITANDRE.

Celui qui m'embarrasse le plus, c'est ce persécutant monsieur André; et si je ne lui dois que trois mille cinq cents livres.

MERLIN.

Il ne vous a prêté que cela; mais vous avez fait le billet de deux mille écus. Il a, depuis quatre jours, obtenu contre vous une sentence des consuls; et il ne seroit pas plaisant que, le jour de la noce, il vous fît coucher au châtelet.

CLITANDRE.

Nous trouverons des expédients pour nous parer de cet inconvénient.

MERLIN.

Hé! quel expédient trouver? Nous avons fait argent de tout; les revenus sont touchés d'avance; la maison de la ville est démeublée à faire pitié; nous avons abattu les bois de la maison de campagne, sous prétexte d'avoir de la vue. Pour moi, je vous avoue que je suis à bout.

CLITANDRE.

Si mon père peut être encore cinq ou six mois sans venir, j'aurai tout le temps de réparer par mon économie les premiers désordres de ma jeunesse.

MERLIN.

Assurément. Et monsieur votre père, de son côté, ne travaille-t-il pas à reboucher tous ces trous-là?

CLITANDRE.

Sans doute.

MERLIN.

Il vaut mieux que vous fassiez toutes ces sottises-là de son vivant qu'après sa mort; il ne seroit plus en état d'y remédier.

CLITANDRE.

Tu as raison, Merlin.

MERLIN.

Allez, monsieur, vous n'avez pas tant de tort qu'on diroit bien. Monsieur votre père fera un gros profit pendant son voyage; vous aurez fait une grosse dépense pendant son absence. Quand il reviendra, de quoi aura-t-il à se plaindre? ce sera comme s'il n'avoit bougé de chez lui; et, au pis aller, ce sera lui qui aura eu tort de voyager.

CLITANDRE.

Que tu parles aujourd'hui de bon sens, mon pauvre Merlin!

MERLIN.

Entre nous, ce n'est pas un grand génie que monsieur votre père; je l'ai mené autrefois par le nez, comme vous savez; je lui fais accroire ce que je veux: et quand il reviendroit présentement, je me sens encore assez de vigueur pour vous tirer des affaires les plus épineuses. Allons, monsieur, grande chère et bon feu; le courage me revient. Combien serez-vous à table aujourd'hui?

SCÈNE IV.

CLITANDRE.

Cinq ou six.

MERLIN.

Et votre bon ami le marquis, soi-disant tel, qui vous aide à manger si généreusement votre bien, et qui n'est qu'un fat au bout du compte, y sera-t-il?

CLITANDRE.

Il me l'a promis.

SCÈNE V.

LUCILE, CIDALISE, CLITANDRE, MERLIN, LISETTE.

CLITANDRE, *à Merlin.*

Mais voici la charmante Lucile et sa cousine.

LUCILE.

Les démarches que vous me faites faire, Clitandre, ne peuvent être justifiées que par le succès qu'elles vont avoir; et je serois entièrement perdue dans le monde, si le mariage ne mettoit fin à toutes les parties de plaisir où je me laisse engager tous les jours.

CLITANDRE.

Je n'ai jamais eu d'autres sentiments, belle Lucile; et voilà votre amie qui peut vous en rendre témoignage.

CIDALISE, *à Clitandre.*

Je suis caution de la bonté de votre cœur, et vous touchez au moment de la justifier par vous-même.

Mais moi, qui n'entre pour rien dans l'aventure, et qui n'ai point en vue de conclusion, quel personnage est-ce que je fais dans tout ceci? et que dira-t-on, je vous prie?

MERLIN, *à Cidalise.*

On dira qu'on se fait pendre par compagnie; et, par compagnie, il ne tiendra qu'à vous de vous faire épouser: mon maître a tant d'amis! vous n'avez qu'à dire.

LISETTE, *à Cidalise.*

Prenez-en quelqu'un, madame; plus on est de fous, plus on rit. Allons, déterminez-vous.

MERLIN.

Je me donne au diable, pendant que nous sommes en train, il me prend envie d'épouser Lisette aussi par compagnie, moi: c'est une chose bien contagieuse que l'exemple.

CLITANDRE, *à Cidalise.*

Je voudrois que le nôtre la pût engager à nous imiter; et j'ai un jeune homme de mes amis qui s'est brouillé depuis quelques jours avec sa famille.

MERLIN, *à Cidalise.*

Voilà le vrai moyen de le raccommoder. Le cœur vous en dit-il?

CIDALISE.

Non, ces sortes d'alliances-là ne me plaisent point. Je ne dépends de personne; je veux prendre un mari aussi indépendant que moi.

MERLIN.

C'est bien fait; il n'est rien tel que d'avoir tous deux la bride sur le cou. Mais voici votre marquis qui vient au rendez-vous. Je vais voir si tout se prépare pour votre souper.

SCÈNE VI.

LE MARQUIS, CLITANDRE, LUCILE, CIDALISE, LISETTE.

LE MARQUIS.

Serviteur, mon ami. Ah! mesdames, je suis ravi de vous voir. Vous m'attendiez, c'est bien fait : je suis l'ame de vos parties, j'en conviens; le premier mobile de vos plaisirs, je le sais. Où en sommes-nous? Le souper est-il prêt? Épouserons-nous? Aurons-nous du vin abondamment? Allons, de la gaieté; je ne me suis jamais senti de si belle humeur; et je vous défie de m'ennuyer.

CIDALISE.

En vérité, monsieur le marquis, vous vous êtes bien fait attendre.

LISETTE.

Cela seroit beau qu'un marquis fût le premier au rendez-vous! on croiroit qu'il n'auroit rien à faire.

LE MARQUIS.

Je vous assure, mesdames, qu'à moins de voler on ne peut pas faire plus de diligence; il n'y a pas, en vérité, trois quarts d'heure que je suis parti de Versailles. Vous connoissez ce cheval barbe, et cette jument arabe que je mets ordinairement à ma chaise, il n'y a pas deux meilleurs animaux pour un rendez-vous de vitesse.

CLITANDRE, *au marquis.*

Quelle affaire si pressée...

LE MARQUIS.

Et un postillon... un postillon qui n'est pas plus gros que le poing, et qui va comme le vent. Si nous n'avions pas, nous autres, de ces voitures volantes-là, nous manquerions la moitié de nos occasions.

LUCILE.

Et depuis quand, monsieur le marquis, vous mêlez-vous d'aller à Versailles? il me semble que vous faites ordinairement votre cour à Paris.

LE MARQUIS, *à Clitandre.*

Eh bien! qu'est-ce, mon cher? Te voilà au comble des plaisirs, tu vas nager dans les délices; tu sais l'intérêt que je prends à tout ce qui te touche. Quelle félicité, lorsque deux cœurs bien épris approchent du moment attendu... là, qu'on se voit à la queue du roman!

(*Il chante.*)

« Sangaride, ce jour est un grand jour pour vous. »

CLITANDRE.

Je ressens mon bonheur dans toute son étendue.

SCÈNE VI.

Mais, dis-moi, je te prie, as-tu passé, comme tu m'avois promis, chez ce joaillier, pour ces diamants?

LE MARQUIS, *à Cidalise.*

Et vous, la belle cousine, qu'est-ce? Le cœur ne vous en dit-il point? Il faut que l'exemple vous encourage. Ne voulez-vous point, en vous mariant, payer vos dettes à l'amour et à la nature? Fi! que cela est vilain d'être une grande inutile dans le monde!

CIDALISE.

L'état de fille ne m'a point encore ennuyée.

LE MARQUIS.

Ce sera quand il vous plaira, au moins, que nous ferons quelque marché de cœur ensemble : je suis fait pour les dames; et les dames, sans vanité, sont aussi faites pour moi. Je veux être déshonoré, si je ne vous trouve fort à mon gré; je me sens même de la disposition à vous aimer un jour à l'adoration, à la fureur : mais point de mariage, au moins, point de mariage; j'aime les amours sans conséquence : vous m'entendez bien?

LISETTE.

Vraiment, ce discours-là est assez clair; il n'a pas besoin de commentaire. Quoi! monsieur le marquis...

LE MARQUIS, *à Clitandre.*

Il n'est pas connoissable depuis qu'il me hante, ce petit homme. Il est vrai que je n'ai pas mon pareil pour débourgeoiser un enfant de famille, le mettre dans le monde, le pousser dans le jeu, lui donner le bon goût pour les habits, les meubles, les équipages. Je le méne un peu roide; mais ces petits messieurs-là ne sont-ils pas trop heureux qu'on leur inspire les manières de cour, et qu'on leur apprenne à se ruiner en deux ou trois ans?

LUCILE, *au marquis.*

Avez-vous bien des écoliers?

LE MARQUIS.

À propos, où est Merlin? je ne le vois point ici: c'est un joli garçon; je l'aime; je le trouve admirable pour faire une ressource, pour écarter les créanciers, amadouer des usuriers, persuader des marchands, démeubler une maison en un tour de main. (*à Clitandre.*) Que ton père a eu de prévoyance, d'esprit, de jugement, de te laisser un gouverneur aussi sage, un économe aussi entendu! Ce coquin-là vaut vingt mille livres de rente, comme un sou, à un enfant de famille.

SCÈNE VII.

MERLIN, LUCILE, CIDALISE, LE MARQUIS, CLITANDRE, LISETTE.

MERLIN.

Messieurs et mesdames, quand vous voudrez entrer, le souper est tout prêt.

LE MARQUIS.

Oui, c'est bien dit; ne perdons point de temps. Je

vous disois bien que Merlin étoit un joli garçon ! Je me sens en disposition louable de bien boire du vin; vous allez voir si j'en tiens raisonnablement. Allons, mesdames, qui m'aime me suive.

CLITANDRE.

Les moments sont trop chers aux amants; n'en perdons aucun.

SCÈNE VIII.

MERLIN.

Voilà, Dieu merci, les affaires en bon train : nos amants sont en joie; fasse le ciel que cela dure long-temps !

SCÈNE IX.

JAQUINET, MERLIN.

MERLIN.

Mais que vois-je? Voilà, je crois, Jaquinet, le valet de notre bon-homme.

JAQUINET.

À la fin, me voilà. Hé ! bonjour, Merlin ; soyez le bien retrouvé : comment te portes-tu ?

MERLIN, *à part*.

Et vous, le mal revenu. (*haut.*) Monsieur Jaquinet, comment t'en va ?

JAQUINET.

Tu vois, mon enfant, le mieux du monde. À la fatigue près, nous avons fait un bon voyage.

MERLIN.

Comment? vous avez fait un bon voyage! Tu n'es donc pas venu tout seul?

JAQUINET.

La belle question! Vraiment non; je suis arrivé avec mon maître; et, pendant qu'il est allé avec le carrosse de voiture faire visiter à la douane quelques ballots de marchandises, il m'a fait prendre les devants pour venir dire à monsieur son fils qu'il est de retour en parfaite santé.

MERLIN.

Voilà une nouvelle qui le réjouira fort. (*à part.*) Qu'allons-nous faire?

JAQUINET.

Qu'as-tu? il me semble que tu ne me fais guère bonne mine, et tu ne me parois pas trop content de notre arrivée.

MERLIN, *à part.*

Je ne suis pas celui qu'elle chagrinera le plus. Tout est perdu. (*haut.*) Et, dis-moi, le bon-homme a-t-il affaire pour long-temps à cette douane?

JAQUINET.

Non; il sera ici dans un moment.

MERLIN, *à part.*

Dans un moment! Où me fourrerai-je?

SCÈNE IX.

JAQUINET.

Mais que diable as-tu donc? Parle.

MERLIN.

Je ne saurois. (*à part.*) Ah! le maudit vieillard! Revenir si mal à propos, et ne pas avertir qu'il revient, encore! cela est bien traître.

JAQUINET.

Te voilà bien intrigué! Ce retour imprévu ne dérangeroit-il point un peu vos petites affaires?

MERLIN.

Oh! non; elles sont toutes dérangées, de par tous les diables.

JAQUINET.

Tant pis.

MERLIN.

Jaquinet, mon pauvre Jaquinet, aide-moi un peu à sortir d'intrigue, je te prie.

JAQUINET.

Moi? Que veux-tu que je fasse?

MERLIN.

Va te reposer; entre au logis, tu trouveras bonne compagnie: ne t'effarouche point, on te fera boire de bon vin de Champagne.

JAQUINET.

Cela n'est pas bien difficile.

MERLIN.

Dis à mon maître que son père est de retour, mais qu'il ne s'embarrasse point: je vais l'attendre ici, et tâcher de faire en sorte que nous puissions... (*à part.*) Je me donne au diable si je sais comment m'y prendre. (*haut.*) Dis-lui qu'il se tienne en repos; et toi commence par t'enivrer, et tu t'iras coucher. Bonsoir.

JAQUINET.

J'exécuterai tes ordres à merveille, ne te mets pas en peine.

SCÈNE X.

MERLIN.

Allons, Merlin, de la vivacité, mon enfant; de la présence d'esprit. Ceci est violent: un père qui revient en *impromptu* d'un long voyage; un fils dans la débauche, sa maison en désordre, pleine de cuisiniers! Il faut se tirer d'embarras.

SCÈNE XI.

GÉRONTE, MERLIN.

MERLIN.

Ah! le voici. Tenons-nous un peu à l'écart, et songeons d'abord aux moyens de l'empêcher d'entrer chez lui.

GÉRONTE, *à lui-même.*

Enfin, après bien des travaux et des dangers, voilà, grace au ciel, mon voyage heureusement terminé; je retrouve ma chère maison, et je crois que mon fils

SCÈNE XI.

sera bien sensible au plaisir de me revoir en bonne santé.

MERLIN, *à part.*

Nous le serions bien davantage à celui de te savoir encore bien loin d'ici.

GÉRONTE.

Les enfants ont bien de l'obligation aux pères qui se donnent tant de peine pour leur laisser du bien.

MERLIN, *à part.*

Oui; mais ils n'en ont guère à ceux qui reviennent si mal à propos.

GÉRONTE.

Je ne veux pas différer davantage à rentrer chez moi, et à donner à mon fils le plaisir que lui doit causer mon retour : je crois que le pauvre garçon mourra de joie en me revoyant.

MERLIN, *à part.*

Je le tiens déja plus que demi-mort. Mais il faut l'aborder. (*haut.*) Que vois-je? Juste ciel! Suis-je bien éveillé? Est-ce un spectre?

GÉRONTE.

Je crois, si je ne me trompe, que voilà Merlin.

MERLIN.

Mais vraiment, c'est monsieur Géronte lui-même, ou c'est le diable sous sa figure. Sérieusement parlant, seroit-ce vous, mon cher maître?

GÉRONTE.

Oui, c'est moi, Merlin. Comment te portes-tu?

LE RETOUR IMPRÉVU.

MERLIN.

Vous voyez, monsieur, fort à votre service, comme un serviteur fidéle, gai, gaillard, et toujours prêt à vous obéir.

GÉRONTE.

Voilà qui est bien. Entrons au logis. (*Il va pour entrer chez lui.*)

MERLIN, *l'arrêtant.*

Nous ne vous attendions point, je vous assure; et vous êtes tombé des nues pour nous, en vérité.

GÉRONTE.

Non; je suis venu par le carrosse de Bordeaux, où mon vaisseau est heureusement arrivé depuis quelques jours... Mais nous serons aussi bien... (*Il va pour entrer chez lui.*)

MERLIN, *l'arrêtant.*

Que vous vous portez bien! quel visage! quel embonpoint! Il faut que l'air du pays d'où vous venez soit merveilleux pour les gens de votre âge. Vous y deviez bien demeurer, monsieur, pour votre santé, (*à part.*) et pour notre repos.

GÉRONTE.

Comment se porte mon fils? a-t-il eu grand soin de mes affaires, et mes deniers ont-ils bien profité entre ses mains?

MERLIN.

Oh! pour cela, je vous en réponds; il s'en est servi d'une manière... Vous ne sauriez comprendre comme

SCÈNE XI.

ce jeune homme-là aime l'argent; il a mis vos affaires dans un état... dont vous serez étonné, sur ma parole.

GÉRONTE.

Que tu me fais de plaisir, Merlin, de m'apprendre une si bonne nouvelle! Je trouverai donc une grosse somme d'argent qu'il aura amassée?

MERLIN.

Point du tout, monsieur.

GÉRONTE.

Comment, point du tout!

MERLIN.

Et non, vous dis-je : ce garçon-là est bien meilleur ménager que vous ne pensez; il suit vos traces, il fatigue son argent à outrance; et, sitôt qu'il a dix pistoles, il les fait travailler jour et nuit.

GÉRONTE.

Voilà ce que c'est que de donner aux enfants de bonnes leçons et de bons exemples à suivre. Je me meurs d'impatience de l'embrasser; allons, Merlin.

MERLIN.

Il n'est pas au logis, monsieur; et si vous êtes si pressé de le voir...

SCÈNE XII.

M. ANDRÉ, GÉRONTE, MERLIN.

M. ANDRÉ.

Bonjour, monsieur Merlin.

MERLIN.

Votre valet, monsieur André, votre valet. (*à part.*) Voilà un coquin d'usurier qui prend bien son temps pour venir demander de l'argent!

M. ANDRÉ.

Savez-vous bien, monsieur Merlin, que je suis las de venir tous les jours sans trouver votre maître; et que, s'il ne me paie aujourd'hui, je le ferai coffrer demain, afin que vous le sachiez.

MERLIN, *bas.*

Nous voilà gâtés.

GÉRONTE, *à Merlin.*

Quelle affaire avez-vous donc?

MERLIN, *bas, à Géronte.*

Je vous l'expliquerai tantôt : ne vous mettez pas en peine.

M. ANDRÉ, *à Géronte.*

Une affaire de deux mille écus qui me sont dus par son maître, dont j'ai le billet, et, en vertu d'icelui, une bonne sentence par corps, que je vais faire mettre à exécution.

GÉRONTE.

Qu'est-ce que cela veut dire, Merlin?

MERLIN.

C'est un maraud, qui le feroit comme il le dit.

GÉRONTE, *à M. André.*

Clitandre vous doit deux mille écus?

SCÈNE XII.

M. ANDRÉ, *à Géronte.*

Oui, justement, Clitandre, un enfant de famille, dont le père est allé je ne sais où, et qui sera bien surpris à son retour, quand il apprendra la vie que son fils mène pendant son absence.

MERLIN, *à part.*

Cela va mal.

M. ANDRÉ.

Autant le fils est joueur, dépensier et prodigue, autant le père, à ce qu'on dit, est un vilain, un ladre, un fesse-mathieu.

GÉRONTE.

Que voulez-vous dire avec votre ladre et votre fesse-mathieu?

M. ANDRÉ.

Ce n'est pas de vous que je veux parler; c'est du père de Clitandre, qui est un sot, un imbécille.

GÉRONTE.

Merlin!

MERLIN, *à Géronte.*

Il vous dit vrai, monsieur; Clitandre lui doit deux mille écus.

GÉRONTE.

Et tu dis qu'il a été d'une si bonne conduite!

MERLIN.

Oui, monsieur; c'est un effet de sa bonne conduite de devoir cet argent-là.

GÉRONTE.

Comment! emprunter deux mille écus d'un usurier! car je vois bien, à la mine, que monsieur est du métier.

M. ANDRÉ, *à Géronte.*

Oui, monsieur; et je vous crois aussi de la profession.

MERLIN, *à part.*

Comme les honnêtes gens se connoissent!

GÉRONTE, *à Merlin.*

Tu appelles cela l'effet d'une bonne conduite!

MERLIN, *bas, à Géronte.*

Paix; ne dites mot. Quand vous saurez le fond de cette affaire-là, vous serez charmé de monsieur votre fils. Il a acheté une maison de dix mille écus.

GÉRONTE.

Une maison de dix mille écus!

MERLIN, *bas, à Géronte.*

Qui en vaut plus de quinze; et comme il n'avoit que vingt-quatre mille francs d'argent comptant, pour ne pas manquer un si bon marché, il a emprunté les deux mille écus en question de l'honnête fripon que vous voyez. Vous n'êtes plus si fâché que vous étiez, je gage.

GÉRONTE.

Au contraire, je ne me sens pas de joie. (*à M. André.*) Oh! çà, monsieur, ce Clitandre, qui vous doit de l'argent, est mon fils.

SCÈNE XII.

MERLIN, *à M. André.*

Et monsieur est son père ; entendez-vous ?

M. ANDRÉ.

J'en ai bien de la joie.

GÉRONTE, *à M. André.*

Ne vous mettez point en peine de vos deux mille écus ; j'approuve l'usage que mon fils en a fait. Revenez demain ; c'est de l'argent comptant.

M. ANDRÉ.

Soit. Je suis votre valet.

SCÈNE XIII.

GÉRONTE, MERLIN.

GÉRONTE.

Et, dis-moi un peu, dans quel endroit de la ville mon fils a-t-il acheté cette maison ?

MERLIN.

Dans quel endroit ?

GÉRONTE.

Oui. Il y a des quartiers meilleurs les uns que les autres : celui-ci, par exemple...

MERLIN.

Mais vraiment, c'est aussi dans celui-ci qu'il l'a achetée.

GÉRONTE.

Bon, tant mieux. Où cela ?

MERLIN.

Tenez; voyez-vous bien cette maison couverte d'ardoises, dont les fenêtres sont reblanchies depuis peu?

GÉRONTE.

Oui. Eh bien?

MERLIN.

Ce n'est pas celle-là; mais un peu plus loin, à gauche, là... cette grande porte cochère qui est vis-à-vis de cette autre qui est vis-à-vis d'elle, là... dans cette autre rue.

GÉRONTE.

Je ne saurois voir cela d'ici.

MERLIN.

Ce n'est pas ma faute.

GÉRONTE.

Ne seroit-ce point la maison de madame Bertrand?

MERLIN.

Justement, de madame Bertrand; la voilà : c'est une bonne acquisition, n'est-ce pas?

GÉRONTE.

Oui vraiment. Mais pourquoi cette femme-là vend-elle ses héritages?

MERLIN.

On ne prévoit pas tout ce qui arrive. Il lui est survenu un grand malheur : elle est devenue folle.

GÉRONTE.

Elle est devenue folle!

SCÈNE XIII.

MERLIN.

Oui, monsieur. Sa famille l'a fait interdire ; et son fils, qui est un dissipateur, a donné sa maison pour moitié de ce qu'elle vaut. (*à part.*) Je m'embourbe ici de plus en plus.

GÉRONTE.

Mais elle n'avoit point de fils quand je suis parti.

MERLIN.

Elle n'en avoit point ?

GÉRONTE.

Non, assurément.

MERLIN.

Il faut donc que ce soit sa fille.

GÉRONTE.

Je suis fâché de son accident. Mais je m'amuse ici trop long-temps : fais-moi ouvrir la porte.

MERLIN, *à part.*

Ouf ! nous voilà dans la crise.

GÉRONTE.

Te voilà bien consterné ! seroit-il arrivé quelque accident à mon fils ?

MERLIN.

Non, monsieur.

GÉRONTE.

M'auroit-on volé pendant mon absence ?

MERLIN.

Pas tout-à-fait... (*à part.*) Que lui dirai-je ?

GÉRONTE.

Explique-toi donc; parle.

MERLIN.

J'ai peine à retenir mes larmes. N'entrez pas, monsieur : votre maison, cette chère maison que vous aimez tant... depuis six mois...

GÉRONTE.

Eh bien! ma maison, depuis six mois...

MERLIN.

Le diable s'en est emparé, monsieur; il nous a fallu déloger à mi-terme.

GÉRONTE.

Le diable s'est emparé de ma maison!

MERLIN.

Oui, monsieur: il y revient des lutins lutinants... C'est ce qui a obligé votre fils à acheter cette autre maison; nous ne pouvions plus demeurer dans celle-là.

GÉRONTE.

Tu te moques de moi; cela n'est pas croyable.

MERLIN.

Il n'y a sortes de niches qu'ils ne m'aient faites; tantôt ils me chatouilloient la plante des pieds, tantôt ils me faisoient la barbe avec un fer chaud; et, toutes les nuits régulièrement, ils me donnoient des camouflets qui puoient le soufre.

GÉRONTE.

Mais, encore une fois, je crois que tu te moques de moi.

SCÈNE XIII.

MERLIN.

Point du tout, monsieur; qu'est-ce qu'il m'en reviendroit? Nous avons vu là-dessus les meilleures devineresses de Paris, la Duverger même; il n'y a pas eu moyen de les faire déguerpir : ce diable-là est furieusement tenace ; c'est celui qui possède ordinairement les femmes, quand elles ont le diable au corps.

GÉRONTE.

Une frayeur soudaine commence à me saisir. Et dis-moi, je te prie, n'ont-ils point été dans ma cave?

MERLIN.

Hélas! monsieur, ils ont fourragé par-tout.

GÉRONTE.

Ah! je suis perdu; j'ai caché en terre un sac de cuir où il y a vingt mille francs.

MERLIN.

Vingt mille francs! Quoi! monsieur, il y a vingt mille francs dans votre maison?

GÉRONTE.

Tout autant, mon pauvre Merlin.

MERLIN.

Ah! voilà ce que c'est; les diables cherchent les trésors, comme vous savez. Et en quel endroit?

GÉRONTE.

Dans la cave.

MERLIN.

Dans la cave? Justement, c'est là qu'ils font leur

sabbat. (*à part.*) Ah! si nous l'avions su plutôt... (*haut.*) Et de quel côté, s'il vous plaît?

GÉRONTE.

À gauche, en entrant, sous une grande pierre noire, qui est à côté de la porte.

MERLIN.

Sous une grande pierre noire, vingt mille francs! Vous deviez bien nous en avertir, vous nous eussiez épargné bien de l'embarras. C'est à gauche, en entrant, dites-vous?

GÉRONTE.

Oui; l'endroit n'est pas difficile à trouver.

MERLIN, *à part.*

Je le trouverai bien. (*haut.*) Mais savez-vous bien, monsieur, que vous jouiez-là à nous faire tordre le cou? Et toute la somme est-elle en or?

GÉRONTE.

Toute en louis vieux.

MERLIN, *à part.*

Bon, elle en sera plus aisée à emporter. (*haut.*) Oh! çà, monsieur, puisque nous savons la cause du mal, il ne sera pas difficile d'y remédier; je crois que nous en viendrons à bout: laissez-moi faire.

GÉRONTE.

J'ai peine à me persuader tout ce que tu me dis; cependant on fait tant de contes sur ces matières-là, que je ne sais qu'en croire. Je m'en vais au-devant de mes hardes, et je reviens sur mes pas pour voir ce qu'il faut faire en cette occasion. Qu'il y a de traverses dans la vie ! On ne sauroit avoir un peu de bien, que les hommes ou le diable ne cherchent à vous l'attraper.

SCÈNE XIV.

MERLIN.

Le diable n'aura pas celui-ci.

SCÈNE XV.

LISETTE, MERLIN.

LISETTE.

Ah ! mon pauvre Merlin, est-il vrai que le père de ton maître est arrivé ?

MERLIN.

Cela n'est que trop vrai : mais, pour nous en consoler, j'ai trouvé un trésor.

LISETTE.

Un trésor !

MERLIN.

Il y a dans la cave, en entrant, à gauche, sous une grande pierre noire, un sac de cuir qui contient vingt mille francs.

LISETTE.

Vingt mille francs !

MERLIN.

Oui, mon enfant; je te dirai cela plus amplement: cours au sac, au sac; c'est le plus pressé.

LISETTE.

Mais si...

MERLIN.

Que le diable t'emporte avec tes si et tes mais! J'entends M. Géronte qui revient sur ses pas; sauve-toi au plus vite. Au sac! au sac!

SCÈNE XVI.

MERLIN.

Nous voilà dans un joli petit embarras! Et vogue la galère!

SCÈNE XVII.

MERLIN, GÉRONTE.

GÉRONTE.

Je n'ai pas tardé, comme tu vois. J'ai trouvé mes gens à deux pas d'ici, et je les ai fait demeurer, parcequ'il m'est venu en pensée de mettre mes ballots dans cette maison que mon fils a achetée.

MERLIN, *à part.*

Nouvel embarras!

SCÈNE XVII.

GÉRONTE.

Je ne la remets pas bien ; viens-t'en m'y conduire toi-même.

MERLIN.

Je le veux bien, monsieur; mais...

GÉRONTE.

Quoi, mais?...

MERLIN.

Le diable ne s'est pas emparé de celle-là; mais madame Bertrand y loge encore.

GÉRONTE.

Elle y loge encore!

MERLIN.

Oui, vraiment. On est convenu qu'elle achèveroit le terme : et, comme elle a l'esprit foible, elle se met dans une fureur épouvantable quand on lui parle de la vente de cette maison; c'est là sa plus grande folie, voyez-vous.

GÉRONTE.

Je lui en parlerai d'une manière qui ne lui fera pas de peine. Allons, viens.

MERLIN, *à part*.

Oh! pour le coup, tout est perdu.

GÉRONTE.

Tu me fais perdre patience. Je veux absolument lui parler, te dis-je.

SCÈNE XVIII.

MADAME BERTRAND, GÉRONTE, MERLIN.

MERLIN.

Eh bien! monsieur, parlez-lui donc; la voilà qui vient heureusement : mais souvenez-vous toujours qu'elle est folle.

MADAME BERTRAND.

Comment! voilà monsieur Géronte de retour, je pense!

MERLIN, *bas, à madame Bertrand.*

Oui, madame, c'est lui-même; mais il est revenu fou : son vaisseau a péri, il a bu de l'eau salée un peu plus que de raison; cela lui a tourné la cervelle.

MADAME BERTRAND, *bas.*

Quel dommage! le pauvre homme!

MERLIN, *bas, à madame Bertrand.*

S'il s'avise de vous accoster par hasard, ne prenez pas garde à ce qu'il vous dira; nous allons le faire enfermer. (*bas, à Géronte.*) Si vous lui parlez, ayez un peu d'égard à sa foiblesse; songez qu'elle a le timbre un peu fêlé.

GÉRONTE, *bas, à Merlin.*

Laisse-moi faire.

MADAME BERTRAND, *à part.*

Il a quelque chose d'égaré dans la vue.

SCÈNE XVIII.

GÉRONTE, *à part.*

Comme sa physionomie est changée! Elle a les yeux hagards.

MADAME BERTRAND, *haut.*

Eh bien! qu'est-ce, monsieur Géronte? vous voilà donc de retour dans ce pays-ci?

GÉRONTE.

Prêt à vous rendre mes petits services.

MADAME BERTRAND.

J'ai bien du chagrin, en vérité, du malheur qui vous est arrivé.

GÉRONTE.

Il faut prendre patience. On dit qu'il revient des esprits dans ma maison; il faudra bien qu'ils en délogent, quand ils seront las d'y demeurer.

MADAME BERTRAND, *à part.*

Des esprits dans sa maison! Il ne faut pas le contredire; cela redoubleroit son mal.

GÉRONTE.

Je voudrois bien, madame Bertrand, mettre dans votre maison quelques ballots que j'ai rapportés de mon voyage.

MADAME BERTRAND, *à part.*

Il ne se souvient pas que son vaisseau a péri; quelle pitié! (*haut.*) Je suis à votre service; et ma maison est plus à vous qu'à moi-même.

GÉRONTE.

Ah! madame, je ne prétends point abuser de l'état

où vous êtes. (*à part*, *à Merlin*.) Mais vraiment, Merlin, cette femme-là n'est pas si folle que tu disois.

MERLIN, *bas, à Géronte*.

Elle a quelquefois de bons moments; mais cela ne dure pas.

GÉRONTE.

Dites-moi, madame Bertrand, êtes-vous toujours aussi sage, aussi raisonnable qu'à présent?

MADAME BERTRAND.

Je ne pense pas, monsieur Géronte, qu'on m'ait jamais vue autrement.

GÉRONTE.

Mais si cela est, votre famille n'a point été en droit de vous faire interdire.

MADAME BERTRAND.

De me faire interdire, moi! de me faire interdire!

GÉRONTE, *à part*.

Elle ne connoît pas son mal.

MADAME BERTRAND.

Mais si vous n'êtes pas ordinairement plus fou qu'à présent, je trouve qu'on a grand tort de vous faire enfermer.

GÉRONTE.

Me faire enfermer! (*à part*.) Voilà la machine qui se détraque. Çà, çà, changeons de propos. (*haut*.) Eh bien! qu'est-ce, madame Bertrand? êtes-vous fâchée qu'on ait vendu votre maison?

SCÈNE XVIII.

MADAME BERTRAND.

On a vendu ma maison !

GÉRONTE.

Du moins vaut-il mieux que mon fils l'ait achetée qu'un autre, et que nous profitions du bon marché.

MADAME BERTRAND.

Mon pauvre monsieur Géronte, ma maison n'est point vendue, et elle n'est point à vendre.

GÉRONTE.

Là, là, ne vous chagrinez point; je prétends que vous y ayez toujours votre appartement, comme si elle étoit à vous, et que vous fussiez dans votre bon sens.

MADAME BERTRAND.

Qu'est-ce à dire, comme si j'étois dans mon bon sens? Allez, vous êtes un vieux fou, un vieux fou, à qui il ne faut point d'autre habitation que les petites-maisons; les petites-maisons, mon ami.

MERLIN, *à part, à madame Bertrand.*

Êtes-vous sage de vous emporter contre un extravagant?

GÉRONTE.

Oh! parbleu, puisque vous le prenez sur ce ton-là, vous sortirez de ma maison : elle m'appartient, et j'y ferai mettre mes ballots, malgré vous. Mais voyez cette vieille folle!

MERLIN, *à part, à Géronte.*

À quoi pensez-vous de vous mettre en colère contre une femme qui a perdu l'esprit?

MADAME BERTRAND.

Vous n'avez qu'à y venir, je vais vous y attendre. Hon! l'extravagant! (*à Merlin.*) Hâtez-vous de le faire enfermer; il devient furieux, je vous en avertis.

SCÈNE XIX.

GÉRONTE, MERLIN.

MERLIN, *à part.*

Je ne sais pas comment je me tirerai de cette affaire.

SCÈNE XX.

LE MARQUIS, *ivre;* GÉRONTE, MERLIN.

LE MARQUIS.

Que veut donc dire tout ce tintamarre-là? Vient-on, s'il vous plaît, faire tapage à la porte d'un honnête homme, et scandaliser toute une populace?

GÉRONTE, *bas, à Merlin.*

Merlin, qu'est-ce que cela veut dire?

MERLIN, *bas, à Géronte.*

Les diables de chez vous sont un peu ivrognes; ils se plaisent dans la cave.

GÉRONTE, *à Merlin.*

Il y a ici quelque fourberie; je ne donne point là-dedans.

SCÈNE XX.

LE MARQUIS, *à Géronte.*

Il nous est revenu que le maître de ce logis vient d'arriver d'un long voyage : seroit-ce vous par aventure?

GÉRONTE.

Oui, monsieur; c'est moi-même.

LE MARQUIS.

Je vous en félicite. C'est quelque chose de beau que les voyages, et cela façonne bien un jeune homme. Il faut savoir comme monsieur votre fils s'est façonné pendant le vôtre; les jolies manières... Ce garçon-là est bien généreux : il ne vous ressemble pas; vous êtes un vilain, vous.

GÉRONTE.

Monsieur! monsieur!

MERLIN, *bas, à Géronte.*

Ces lutins-là sont d'une insolence...

GÉRONTE.

Tu es un fripon.

LE MARQUIS.

Nous avons eu bien du chagrin, bien du souci, bien de la tribulation de votre retour; je veux dire, de votre absence. Votre fils en a pensé mourir de douleur, en vérité; il a pris toutes les choses de la vie en dégoût; il s'est défait de toutes les vanités qui pouvoient l'attacher à la terre, richesses, meubles, ajustements. Ce garçon-là vous aime, cela n'est pas croyable.

MERLIN.

Il seroit mort, je crois, de chagrin pendant votre absence, sans cet honnête monsieur-là.

GÉRONTE, *au marquis.*

Eh! que venez-vous faire chez moi, monsieur, s'il vous plaît?

LE MARQUIS.

Ne le voyez-vous pas bien, sans que je vous le dise? J'y viens de boire du bon vin de Champagne, et en fort bonne compagnie. Votre fils est encore à table, qui se console de votre absence du mieux qu'il est possible.

GÉRONTE.

Le fripon me ruine. Il faut aller... (*Il va pour entrer chez lui.*)

LE MARQUIS, *l'arrêtant.*

Halte là, s'il vous plaît; je ne souffrirai pas que vous entriez là-dedans.

GÉRONTE.

Je n'entrerai pas dans ma maison?

LE MARQUIS.

Non; les lieux ne sont pas disposés pour vous recevoir.

GÉRONTE.

Qu'est-ce à dire?

LE MARQUIS.

Il seroit beau, vraiment, qu'au retour d'un voyage, après une si longue absence, un fils qui sait vivre, et

SCÈNE XX.

que j'ai façonné, eût l'impolitesse de recevoir son très cher et honoré père dans une maison où il n'y a que les quatre murailles!

GÉRONTE.

Que les quatre murailles! Et ma belle tapisserie, qui me coûtoit près de deux mille écus, qu'est-elle devenue?

LE MARQUIS.

Nous en avons eu dix-huit cents livres; c'est bien vendre.

GÉRONTE.

Comment, bien vendre! une tenture comme celle-là!

LE MARQUIS.

Fi! le sujet étoit lugubre; elle représentoit la brûlure de Troie; il y avoit là-dedans un grand vilain cheval de bois, qui n'avoit ni bouche ni éperons: nous en avons fait un ami.

GÉRONTE, *à Merlin*.

Ah, pendard!

LE MARQUIS.

N'aviez-vous pas aussi deux grands tableaux qui représentoient quelque chose?

GÉRONTE.

Oui, vraiment; ce sont deux originaux d'un fameux maître, qui représentent l'enlèvement des Sabines.

LE MARQUIS.

Justement : nous nous en sommes aussi défaits, mais par délicatesse de conscience.

GÉRONTE.

Par délicatesse de conscience !

LE MARQUIS.

Un homme sage, vertueux, religieux comme monsieur Géronte ! Ah ! il y avoit là une immodeste Sabine, décolletée, qui... Fi ! ces nudités-là sont scandaleuses pour la jeunesse.

SCÈNE XXI.

MADAME BERTRAND, GÉRONTE, LE MARQUIS, MERLIN.

MADAME BERTRAND.

Ah! vraiment, je viens d'apprendre de jolies choses, monsieur Géronte; et votre fils, à ce qu'on dit, engage ma nièce dans de belles affaires.

GÉRONTE.

Je ne sais ce que c'est que votre nièce; mais mon fils est un coquin, madame Bertrand.

MERLIN.

Oui, un débauché, qui m'a donné de mauvais conseils, et qui est cause...

LE MARQUIS, *à Merlin.*

Ne nous plaignons point les uns des autres, et ne

SCÈNE XXI.

parlons point mal des absents; il ne faut point condamner les personnes sans les entendre. Un peu d'attention, monsieur Géronte. Il est constant que si... vous prenez les choses du bon côté... quand vous serez content, tout le monde le sera... D'ailleurs, comme dans tout ceci il n'y a pas de votre faute, vous n'avez qu'à ne point faire de bruit, on n'aura pas le mot à vous dire.

GÉRONTE.

Allez au diable avec votre galimatias.

SCÈNE XXII.

MADAME BERTRAND, GÉRONTE, LE MARQUIS, MERLIN, LUCILE, CIDALISE, LISETTE.

(*Lisette sort de la maison de Géronte, tenant un sac* (1) *de louis; elle est suivie de Lucile et de Cidalise, qui traversent la scène, et se retirent.*)

GÉRONTE.

Mais que vois-je? mon sac et mes vingt mille francs qu'on emporte.

MADAME BERTRAND.

C'est cette coquine de Lisette et ma nièce.

(1) Ce sac doit être de cuir, et d'un volume capable de contenir vingt mille francs en or.

SCÈNE XXIII.

CLITANDRE, GÉRONTE, LE MARQUIS, MERLIN, MADAME BERTRAND.

GÉRONTE.

Et mon fripon de fils! Ah! misérable!

CLITANDRE.

Il ne faut pas, mon père, abuser plus long-temps de votre crédulité : tout ceci est un effet du zèle et de l'imagination de Merlin pour vous empêcher d'entrer chez vous, où j'étois avec Lucile dans le dessein de l'épouser. Je vous demande pardon de ma conduite passée : consentez à ce mariage, je vous prie : on vous rendra votre argent; et je promets que vous serez content de moi dans la suite.

GÉRONTE, *à Merlin*.

Ah, pendard! tu te moquois de moi!

MERLIN.

Cela est vrai, monsieur.

MADAME BERTRAND.

Lucile est ma nièce ; et, si votre fils l'épouse, je lui donnerai un mariage dont vous serez content.

GÉRONTE.

Pouvez-vous donner quelque chose? et n'êtes-vous pas interdite?

MERLIN.

Elle ne l'est que de ma façon.

SCÈNE XXIII.

GÉRONTE.

Quoi! la maison...

MERLIN, *se touchant le front.*

Tout cela part de là.

GÉRONTE.

Ah, malheureux! Mais... qu'on me rende mon argent; je me sens assez d'humeur à consentir à ce que vous voulez: c'est le moyen de vous empêcher de faire pis.

LE MARQUIS.

C'est bien dit: cela me plaît. Touchez là, monsieur Géronte: vous êtes un brave homme; je veux boire avec vous: allons nous mettre à table. Cela est heureux que vous soyez venu tout à propos pour être de la noce.

FIN DU RETOUR IMPRÉVU.

LES FOLIES
AMOUREUSES,

COMÉDIE

EN TROIS ACTES, ET EN VERS;

Précédée d'un Prologue en vers libres, et suivie d'un Divertissement, intitulé :

LE MARIAGE DE LA FOLIE,

Aussi en vers libres :

Représentée, pour la première fois, le mardi 15 janvier 1704.

ACTEURS DU PROLOGUE.

M. DANCOUR.
MADEMOISELLE BEAUVAL.
MADEMOISELLE DESBROSSES.
MOMUS.
M. DUBOCAGE.

PROLOGUE
DES FOLIES AMOUREUSES.

SCÈNE I.

MADEMOISELLE BEAUVAL, *à ses cama-*
rades qui sont dans la coulisse.

Oui, je vous le soutiens, messieurs, c'est fort mal fait;
    Vous n'avez point de conscience.
C'est tromper, c'est piller le public en effet;
    C'est voler avec confiance.
    On vient ici dans l'espérance
    D'un divertissement complet:
Depuis un mois votre affiche promet
Que de l'amour chez vous on verra les folies:
    En un besoin je crois que ce sujet
    Fourniroit trente comédies;
Et vous en prétendez donner effrontément
    Une en trois actes seulement!
    Fi, fi! c'est une extravagance.
(*au public.*)
M'en croyez-vous, messieurs? reprenez votre argent
    Avant que la pièce commence.

SCÈNE II.

M. DANCOUR, MADEMOISELLE BEAUVAL.

M. DANCOUR.

Parbleu, vous vous chargez d'un soin bien obligeant !

MADEMOISELLE BEAUVAL.

Qu'est-ce à dire ?

M. DANCOUR.

Eh ! mademoiselle,
De quoi diantre vous mêlez-vous ?

MADEMOISELLE BEAUVAL.

Moi, monsieur, de quoi je me mêle ?
Eh ! ne devons-nous pas nous intéresser tous
À faire réussir une pièce nouvelle ?

M. DANCOUR.

Vous faites sans doute éclater
Un merveilleux excès de zéle
Pour la réussite de celle
Que nous allons représenter !

MADEMOISELLE BEAUVAL.

Moi, je n'y sais point de finesse ;
J'avertis qu'elle finira
Une heure au moins plutôt qu'une autre pièce,
Et que peut-être elle ennuiera.

M. DANCOUR.

On ne peut louer davantage ;

SCÈNE II.

C'est parler comme il faut en faveur d'un ouvrage :
L'auteur vous en remerciera.

MADEMOISELLE BEAUVAL.

L'auteur est mon ami; je l'estime, je l'aime.

M. DANCOUR.

Vous le prouvez très bien, vraiment!

MADEMOISELLE BEAUVAL.

Sans doute. Je n'en veux pour juge que lui-même;
Et s'il avoit voulu suivre mon sentiment,
Ou qu'il eût eu moins de paresse...

M. DANCOUR.

Eh! qu'eût-il fait?

MADEMOISELLE BEAUVAL.

Il eût, premièrement,
Changé le titre de la piéce,
Qui ne lui convient nullement.
Il promet trop, il a trop d'étendue;
Et chacun, sitôt qu'on l'entend,
Porte indifféremment la vue
Sur toute sorte d'accident
Dont peut l'amoureuse manie
Embarrasser l'organe du génie
Le plus sage et le plus prudent.

M. DANCOUR.

Mais à qui diantre avez-vous ouï dire
Tous les grands mots que vous répétez là?

MADEMOISELLE BEAUVAL.

Comment donc, s'il vous plaît! que veut dire cela?

Ma foi, monsieur, je vous admire!
Il semble aux gens, parcequ'ils savent lire,
Qu'on ne sauroit parler aussi bien qu'eux!
Vous êtes de plaisants crasseux!

M. DANCOUR.

Mille pardons, mademoiselle;
Je ne prétends point vous fâcher:
J'en sais la conséquence, et je ne veux tâcher
Qu'à finir au plutôt la petite querelle
Qu'assez à contre-temps vous paroissez chercher.

MADEMOISELLE BEAUVAL.

Qui? moi, chercher querelle! Eh bien! la médisance!
Parceque naturellement,
Avec simplicité, je dis ce que je pense,
Que j'avertis le public bonnement
Qu'une pièce n'a rien du titre qu'on lui donne...

M. DANCOUR.

Oui, vous êtes tout-à-fait bonne!

MADEMOISELLE BEAUVAL.

Eh bien! monsieur, pourquoi me chagriner?
Vraiment, je vous trouve admirable!
On me fait passer pour un diable,
Moi, qui comme un mouton suis facile à mener.

M. DANCOUR.

S'il est ainsi, laissez-vous donc conduire;
Rentrez dans les foyers; songez à commencer.

MADEMOISELLE BEAUVAL.

Commencer, moi! Non, vous avez beau dire.

SCÈNE II.

M. DANCOUR.

De grace...

MADEMOISELLE BEAUVAL.

Là-dessus rien ne peut me forcer.

M. DANCOUR.

Mademoiselle!...

MADEMOISELLE BEAUVAL.

Ah oui! vous saurez m'y réduire!

M. DANCOUR.

Quoi!...

MADEMOISELLE BEAUVAL.

Je ne jouerai point, monsieur.

M. DANCOUR.

Mais on dira...

MADEMOISELLE BEAUVAL.

Mais on dira, monsieur, tout ce que l'on voudra.

M. DANCOUR.

La bonne cervelle!

MADEMOISELLE BEAUVAL.

Il est drôle!
J'aurai chaussé ma tête, et l'on me contraindra!
Ah! vous verrez comme on réussira!

M. DANCOUR.

Si...

MADEMOISELLE BEAUVAL.

L'on me contredit; mais, ce qui me console,
Jouera le rôle qui pourra.

M. DANCOUR.

Mais, si vous ne jouez, la pièce tombera :
Et pour ne point jouer un rôle
Il faut avoir des raisons, s'il vous plaît.

MADEMOISELLE BEAUVAL.

J'en ai, monsieur, une très bonne.

M. DANCOUR.

Et c'est ?...

MADEMOISELLE BEAUVAL.

J'en ai, vous dis-je, et je ne suis point folle.
Je n'en démordrai point, en un mot comme en cent :
Votre discours devient lassant ;
Vous me prenez pour une idole ;
Vous croyez me pétrir comme une cire molle ;
Mais vous êtes un innocent,
Et votre éloquence est frivole.
Vous avez beau parler, prier, être pressant,
Je ne saurois jouer ; j'ai perdu la parole.

M. DANCOUR.

Il y paroît.

SCÈNE III.

M. DANCOUR, MADEMOISELLE BEAUVAL,
MADEMOISELLE DESBROSSES.

MADEMOISELLE DESBROSSES.

Voici bien un autre embarras !

SCÈNE III.

L'auteur, dans les foyers, se fait tenir à quatre;
Il ne veut point laisser jouer sa piéce.

MADEMOISELLE BEAUVAL.

Hélas!

MADEMOISELLE DESBROSSES.

Oui, de quelques raisons qu'on puisse le combattre,
Si l'on veut l'obliger, on ne la jouera pas.

MADEMOISELLE BEAUVAL.

On ne la joueroit pas? Eh! pourquoi, je vous prie?
L'auteur l'entend fort bien! Il seroit beau, ma foi,
Que messieurs les auteurs nous donnassent la loi!
Oh! contre sa mutinerie,
Puisqu'il le prend ainsi, je me révolte, moi;
Pour le faire enrager, je prétends qu'on la joue.

MADEMOISELLE DESBROSSES.

Venez donc lui parler. Tout le monde s'enroue
Pour lui faire entendre raison.

M. DANCOUR.

Mais peut-être en a-t-il quelques unes?

MADEMOISELLE BEAUVAL.

Lui? Bon!
Ses raisons ne sont pas meilleures que les nôtres.
La piéce est sue; il faut la jouer, vous dit-on.
Appuierez-vous, monsieur, ses raisons?

M. DANCOUR.

Pourquoi non?
Vous m'avez déja fait presque approuver les vôtres.

PROLOGUE.

MADEMOISELLE BEAUVAL.

Mardienne, monsieur, finissez.
Je n'aime pas qu'on me plaisante.
Avec votre sang-froid...

M. DANCOUR.

Que vous êtes charmante,
Lorsque vous vous radoucissez!

MADEMOISELLE BEAUVAL.

Je suis la douceur même; et je ne me tourmente
Que quand les choses ne vont pas
Selon mes intérêts, ou selon mon attente;
Mais quand on me fâche, en ce cas
Je deviens vive, et je suis pétulante.

M. DANCOUR.

Venez donc employer votre vivacité,
Et déployer votre éloquence,
Pour faire revenir un auteur entêté:
Mais, au moins, point de pétulance.

MADEMOISELLE BEAUVAL.

Mais d'où vient son entêtement?

MADEMOISELLE DESBROSSES.

Il dit qu'on prend plaisir à décrier sa pièce;
Qu'on n'a pour les auteurs aucun ménagement;
Qu'un si dur procédé le blesse;
Que l'on blâme son dénouement;
Que vous, vous condamnez son titre.

MADEMOISELLE BEAUVAL.

L'auteur ment:

SCÈNE III.

Je n'en dis jamais rien. Est-ce que je me mêle
  D'aller prôner mon sentiment?
 Ce sont bien là mes allures, vraiment!

M. DANCOUR.

  Pour cela, non; mademoiselle
 N'en a lâché qu'un mot confidemment,
Et tout-à-l'heure encore, au public seulement:
  Mais ce n'est qu'une bagatelle.

MADEMOISELLE BEAUVAL.

  Si je l'ai dit, je m'en dédis.
 La pièce est bonne, et je la soutiens telle.
Diantre soit des censeurs, et des donneurs d'avis,
Qui de leurs sots discours m'échauffent les oreilles!
  Puis je ne sais ce que je dis.
Le dénouement est bon, le titre est à merveilles:
  Car ce qui fait ce dénouement
 Ne sont-ce pas d'agréables folies,
  D'ingénieuses rêveries,
Que fait imaginer l'amour dans le moment
  Pour attraper un vieil amant?

M. DANCOUR.

Sans doute.

MADEMOISELLE BEAUVAL.

  Eh! pourquoi donc est-ce qu'on le critique?
 Avec raison l'auteur se pique.
Sur ce pied-là le titre est excellent,
Et le sujet est tout-à-fait galant.

Cela réussira.

MADEMOISELLE DESBROSSES.

Qui vous dit le contraire?

MADEMOISELLE BEAUVAL.

De sottes gens qui ne peuvent se taire,
Qui font les beaux esprits, les savants connoisseurs.

M. DANCOUR.

Laissez parler de tels censeurs.
On les connoît, on ne les croira guère.

MADEMOISELLE BEAUVAL.

C'est fort bien dit.

MADEMOISELLE DESBROSSES.

La grande affaire
Est à présent de radoucir l'auteur.

MADEMOISELLE BEAUVAL.

Il ne tiendra pas sa colère.

SCÈNE IV.

M. DANCOUR, MADEMOISELLE BEAUVAL,
MADEMOISELLE DESBROSSES,
M. DUBOCAGE.

M. DUBOCAGE.

Tout le monde veut s'en aller.
Eh! commençons, de grace; allez vous habiller.
De nos débats le public n'a que faire.

SCÈNE IV.

MADEMOISELLE BEAUVAL.

Mais est-on d'accord là-derrière?

M. DUBOCAGE.

Oui; là-dessus n'ayez point de souci.
Une personne fort jolie,
Qui paroît beaucoup notre amie,
Et qui l'est de l'auteur aussi,
Dans le moment vient d'arriver ici
Avec nombreuse compagnie :
Ils disent que c'est la Folie,
Et c'est elle en effet. J'ai bien jugé d'abord,
Comme on a mis son nom au titre de la piéce,
Qu'au succès elle s'intéresse.
Mais je vois quelqu'un qui s'empresse
À venir de sa part pour vous mettre d'accord.

SCÈNE V.

MOMUS, M. DANCOUR, MADEMOISELLE BEAUVAL, MADEMOISELLE DESBROSSES, M DUBOCAGE.

MOMUS.

Serviteur à la compagnie.
Des dieux de la mythologie
Vous voyez en moi le bouffon,
Momus, dieu de la raillerie;
Et, partant, de la comédie

PROLOGUE.

Le protecteur et le patron.

MADEMOISELLE BEAUVAL.

Monsieur Momus, point de cérémonie;
Soyez le bien venu. Notre profession
 Avec la vôtre a quelque ressemblance.
  Gens de même condition
 Font entre eux bientôt connoissance.

MOMUS.

 Il est vrai, vous avez raison.
 Là-haut je raille et je fais rire:
 Vous faites de même ici-bas:
Les dieux n'échappent point aux traits de ma satire;
Et les hommes, je crois, quand vous voulez médire,
  Ne vous échappent pas.
Je suis ravi qu'enfin nos emplois ordinaires
 Mettent du rapport entre nous.
 Touchez là; je suis tout à vous.
Serviteur donc, mes amis et confrères.

M. DANCOUR.

Seigneur Momus, votre divinité
À notre corps fait une grace entière:
Mais, en vous avouant ainsi notre confrère,
Vous nous autorisez à trop de vanité.

MADEMOISELLE BEAUVAL.

Non, point du tout; laissez-le faire.
Mais dites-nous avec sincérité,
 Franchement, là... quelle heureuse aventure
  Vous a fait venir dans ces lieux.

SCÈNE V.

En faveur du plus grand des dieux
Venez-vous ménager quelque conquête sûre?
Au lieu d'être Momus, n'êtes-vous point Mercure?

MOMUS.

Oh! pour cela, non, par ma foi.
Chacun là-haut a son emploi,
Et nous n'usurpons rien sur les charges des autres;
Nos rôles sont marqués ainsi que sont les vôtres,
Et de n'en point changer on se fait une loi.
Je voudrois bien troquer ma charge avec Mercure :
Il est bien plus aisé de servir deux amants
Dans une tendre conjoncture,
Que de faire rire les gens.

MADEMOISELLE BEAUVAL.

Vous en pouvez parler mieux qu'un autre peut-être;
Et, sans trop vous flatter, je croi
Que vous êtes un fort grand maître
Et dans l'un et dans l'autre emploi.

MADEMOISELLE DESBROSSES.

Mais enfin, quel dessein ici-bas vous attire?

MOMUS.

Ne trouvant plus là-haut de sujets de médire;
(Car vous savez que, depuis quelque temps,
Les dieux sont devenus d'assez honnêtes gens;
Et vous n'entendez plus parler de leurs fredaines:)
J'ai résolu, malgré les périls et les peines,
De venir sourdement m'établir en ces lieux,
Et d'y jouer la comédie.

PROLOGUE.

MADEMOISELLE BEAUVAL.

Quelle diable de fantaisie!

MOMUS.

Dans ce dessein capricieux
J'amène une troupe choisie.
J'ai pris avec moi la Folie,
Et son futur époux, monsieur du Carnaval,
De qui je suis un peu rival.
Chacun de nous doit, suivant son génie,
Se faire un rôle original.
Je viens donc à Paris pour y lever boutique,
Et pour faire valoir mon talent, comme vous.
Je crois qu'en ce pays (et soit dit entre nous)
Mon humeur vive et satirique
Ne manquera pas de pratique;
Car il n'y manque pas de fous.

MADEMOISELLE BEAUVAL.

Comment donc! merci de ma vie!
Vous venez, dites-vous, jouer la comédie!
Et pour vous établir vous choisissez ces lieux!
Croyez-moi, remontez aux cieux.
Nous ne gagnons pas trop; le temps est malheureux.
Je ne souffrirai point de concurrents semblables.
Si vous m'irritez une fois,
Et contre tous les dieux, et contre tous les diables,
Seule, je défendrai mes droits.

MOMUS.

Nous ne prétendons point nuire à votre fortune.

SCÈNE V.

Joignons-nous de bonne amitié;
Nous partagerons par moitié,
Et nous ferons bourse commune :
Sinon, nouveaux comédiens,
Nous irons courir la campagne;
Et si, malgré tous nos moyens,
Nous dépensons plus qu'on ne gagne,
Nous léverons un opéra,
Qui peut-être réussira.
Nous jouerons des pièces nouvelles.
Nous avons des musiciens
Dont les voix sonores et belles
Ne sont point artificielles,
Et non pas des Italiens
De qui les voix ne sont ni mâles ni femelles.

MADEMOISELLE BEAUVAL.

J'ai grande opinion de votre habileté :
Mais cependant, avant que de finir d'affaire,
Et d'entrer en société,
Encor faut-il bien voir ce que vous savez faire.

MOMUS.

Vous pouvez à l'essai juger de nos talents.
Vous êtes, ce me semble, en peine,
Et vous auriez besoin de quelque scène,
De quelques airs vifs et brillants,
Pour alonger votre pièce nouvelle?

M. DUBOCAGE.

Voilà le fait.

PROLOGUE.

MOMUS.

C'est une bagatelle.
Je ne veux que quelques moments
Pour préparer des divertissements
Dont le public, je crois, pourra se satisfaire.
Nous autres dieux, nous ne saurions mal faire.

MADEMOISELLE BEAUVAL.

Tout dieux que vous soyez, je soutiens le contraire.
Le public a le goût si délicat, si fin,
Qu'avec tous vos talents, et votre esprit divin,
Ce ne sera pas peu que de pouvoir lui plaire.
Mais quel sujet choisirez-vous enfin?

MOMUS.

Je n'en manquerai pas, et j'en fais mon affaire.
Tout-à-l'heure, dans vos foyers,
J'ai trouvé des sujets pour mille comédies,
Nombre d'originaux de tous arts et métiers,
Dont on peut sur la scène extraire des copies:
Un marquis éventé, qui vient avec fracas,
En bourdonnant un air, étaler ses appas;
Une savante à toute outrance,
Qui décide à tort, à travers,
Des auteurs de prose et de vers,
De l'Andrienne et de Térence;
Un abbé d'égale science,
Qui, dressant son petit collet,
D'un air présomptueux, et d'un ton de fausset,
Applaudit à son ignorance;

SCÈNE V.

Un tas de ces faux mécontents
Et de la cour et du service,
Qui se plaignent de l'injustice
Qu'on leur fait depuis si long-temps,
Qui, prenant un autre exercice,
Et méprisant de vains lauriers,
Bornent tous leurs exploits guerriers
À lorgner dans une coulisse
Quelque belle au tendre regard,
Laquelle aussi n'est pas novice
À contre-lorgner de sa part.
Ne sont-ce pas là, je vous prie,
D'amples sujets de comédie?

MADEMOISELLE BEAUVAL.

Ah! tout beau, monseigneur Momus!
Avec tous ces gens-là point de plaisanterie.

MADEMOISELLE DESBROSSES.

Nous souffririons de votre raillerie.

MOMUS.

Je vois ce qui vous tient; vous aimez les écus:
Je n'en dirai pas davantage;
Et ce ne sont point eux aussi que j'envisage
Pour servir de matière au divertissement.
Nous vous donnerons seulement
Quelques chansons, et gentilles gambades,
Que du mieux qu'ils pourront feront mes camarades;
Quelque agréable petit rien,
Des amusantes bagatelles,

Qui font souvent de vos piéces nouvelles
Tout le succès et le soutien.

M. DANCOUR.

L'imagination mérite qu'on la loue ;
Et la piéce, je crois, s'en trouvera fort bien.

MADEMOISELLE DESBROSSES.

Sur ce pied-là l'auteur voudra bien qu'on la joue.

MADEMOISELLE BEAUVAL.

Commençons donc.

SCÈNE VI.

MOMUS, *au parterre*.

Messieurs, vous serez les témoins
De notre zèle et de nos soins.
Nous descendons exprès de la céleste voûte
    Pour vous donner quelques plaisirs nouveaux :
    On ne fait pas ce chemin qu'il n'en coûte.
Il seroit bien fâcheux qu'après tant de travaux,
Avec un pied de nez, et n'ayant pu vous plaire,
    On vît rentrer dans la céleste sphère
    Une troupe de dieux penauds.
Je vous fais donc, messieurs, très instante prière
(La prière d'un dieu n'est pas à rejeter)
De vouloir à ma troupe accorder grace entière.
Si favorablement vous daignez l'écouter,
    Je vous promets, foi de dieu véridique,
Qui raille assez souvent, mais qui ne ment jamais,

SCÈNE VI.

Que de ma veine satirique
Vous n'exercerez point les traits.
C'est beaucoup dans un temps où chacun, dans sa vie,
Fait pour le moins une folie.
Adieu, jusqu'au revoir; sur-tout vivons en paix.

FIN DU PROLOGUE.

ACTEURS.

ALBERT, jaloux, et tuteur d'Agathe.
ÉRASTE, amant d'Agathe.
AGATHE, amante d'Éraste.
LISETTE, servante de M. Albert.
CRISPIN, valet d'Éraste.

La scène est dans une avenue, devant le château d'Albert.

LES FOLIES AMOUREUSES,
COMÉDIE.

ACTE PREMIER.

SCÈNE I.
AGATHE, LISETTE.

LISETTE.
Lorsqu'en un plein repos chacun encor sommeille,
Quel démon, s'il vous plaît, vous tire par l'oreille,
Et vous fait hasarder de sortir si matin?

AGATHE.
Paix, tais-toi, parle bas; tu sauras mon dessein.
Éraste est de retour.

LISETTE.
Éraste?

AGATHE.
D'Italie.

LISETTE.
D'où savez-vous cela, madame, je vous prie?

AGATHE.
J'ai cru le voir hier paroître dans ces lieux;
Et j'en crois plus mon cœur encore que mes yeux.
LISETTE.
Je ne m'étonne plus que votre diligence
Ait du seigneur Albert trompé la vigilance.
Par ma foi, c'est un guide excellent que l'amour!
AGATHE.
J'étois à ma fenêtre, en attendant le jour,
Quand quelqu'un est sorti : voyant la porte ouverte,
J'ai saisi promptement l'occasion offerte,
Tant pour prendre le frais, que pour flatter l'espoir
Qui pourroit attirer Éraste pour me voir.
LISETTE.
Vous n'avez pas envie, à ce qu'on peut comprendre,
Que le pauvre garçon s'enrhume à vous attendre :
Il arrive le soir; et vous, au point du jour,
Vous l'attendez ici pour flatter son amour :
C'est perdre peu de temps. Mais si, par aventure,
Albert votre tuteur, jaloux de sa nature,
Vient à nous rencontrer, que dira-t-il de nous?
AGATHE.
Je me veux affranchir du pouvoir d'un jaloux.
J'ai trop long-temps langui sous son cruel empire :
Je lève enfin le masque; et, quoi qu'il puisse dire,
Je veux, sans nul égard, lui montrer désormais
Comme je prétends vivre, et combien je le hais.

ACTE I, SCÈNE I.

LISETTE.

Que le ciel vous maintienne en ce dessein louable!
Pour moi, j'aimerois mieux cent fois servir le diable...
Oui, le diable : du moins, quand il tiendroit sabbat,
J'aurois quelque repos; mais, dans mon triste état,
Soir, matin, jour ou nuit, je n'ai ni paix ni trêve :
Si cela dure encore il faudra que je crève.
Tant que le jour est long il gronde entre ses dents :
« Fais ceci, fais cela : va, viens; monte, descends;
« Fais bien la guerre à l'œil; ferme porte et fenêtre;
« Avertis, si de loin tu vois quelqu'un paroître. »
Il s'arrête, il s'agite, il court, sans savoir où;
Toute la nuit il rôde ainsi qu'un loup-garou;
Il ne nous permet pas de fermer la prunelle;
Lui, quand il dort d'un œil, l'autre fait sentinelle :
Il n'a ri de sa vie; il est jaloux, fâcheux,
Brutal à toute outrance, avare, dur, hargneux.
J'aimerois mieux chercher mon pain de porte en porte
Que servir plus long-temps un maître de la sorte.

AGATHE.

Lisette, tous nos maux vont finir désormais.
Qu'Éraste est différent du portrait que tu fais!
Dès mes plus tendres ans chez sa mère nourrie,
Nos cœurs se sont trouvés liés de sympathie;
Et l'amour acheva, par des nœuds plus charmants,
De nous unir encor par ses engagements.
Plutôt que de souffrir la contrainte effroyable

Qui depuis quelque temps et me gêne et m'accable,
Je serois fille à prendre un parti violent;
Et, sous un habit d'homme, en chevalier errant,
Pour m'affranchir d'Albert et de ses lois si dures,
J'irois par le pays chercher des aventures.

LISETTE.

Oh! sans aller si loin, ici, quand vous voudrez,
Je vous suis caution que vous en trouverez.

AGATHE.

Tu ne sais pas encor quel est mon caractère,
Quand on m'impose un joug à mon humeur contraire.
J'ai vécu dans le monde au milieu des plaisirs;
La contrainte où je suis irrite mes desirs.
Présentement qu'Éraste à m'épouser s'apprête,
Mille vivacités me passent par la tête.
J'ai du cœur, de l'esprit, du sens, de la raison;
Et tu verras dans peu des traits de ma façon.
Mais comment du château la porte est-elle ouverte?

LISETTE.

Bon! votre vieux Cerbère est à la découverte;
Faut-il le demander? Il rôde dans les champs;
Il fait toute la nuit sentinelle en dedans;
Et, sur le point du jour, il va battre l'estrade.
S'il pouvoit, par bonheur, choir en quelque embuscade,
Et que des égrillards, avec de bons bâtons...
Mais paix; j'entends du bruit: quelqu'un vient; écoutons.

SCÈNE II.

ALBERT, AGATHE, LISETTE.

ALBERT, *à part.*

J'ai fait dans mon château toute la nuit la ronde,
Et dans un plein repos j'ai trouvé tout le monde.
Pour mieux des ennemis rendre vains les efforts,
J'ai voulu même encor m'assurer des dehors.
Grace au ciel, tout va bien. Une terreur secréte,
En dépit de mes soins, cependant m'inquiéte.
Je vis hier rôder un certain curieux,
Qui de loin, ce me semble, examinoit ces lieux.
Depuis plus de six mois ma lâche complaisance
Met à chaque moment en défaut ma prudence;
Et, pour laisser Agathe à l'aise respirer,
Je n'ai, par bonté d'ame, encor rien fait murer.
Ce n'est point par douceur qu'on rend sages les filles;
Je veux du haut en bas faire attacher des grilles,
Et que de bons barreaux, larges comme la main,
Puissent servir d'obstacle à tout effort humain.
Mais j'entends quelque bruit, et, dans le crépuscule,
J'entrevois quelque objet qui marche et qui recule.
Approchons. Qui va là? Personne ne répond.
Ce silence affecté ne me dit rien de bon.

LISETTE, *bas.*

Je tremble.

ALBERT.

C'est Lisette : Agathe est avec elle.

AGATHE.

Est-ce donc vous, monsieur, qui faites sentinelle?

ALBERT.

Oui, oui, c'est moi, c'est moi : mais, à l'heure qu'il est,
Que venez-vous chercher en ce lieu, s'il vous plaît?

AGATHE.

De dormir ce matin n'ayant aucune envie,
Lisette et moi, monsieur, nous avons fait partie
D'être devant le jour sous ces arbres épais,
Pour voir naître l'aurore, et respirer le frais.

LISETTE.

Oui.

ALBERT.

Respirer le frais, et voir l'aurore naître,
Tout cela se pouvoit faire à votre fenêtre.
Ici, pour me trahir, vous êtes de complot.

LISETTE, *à part.*

Que ce seroit bien fait!

ALBERT, *à Lisette.*

Que dis-tu?

LISETTE.

Pas le mot.

ALBERT.

Des filles sans intrigue, et qui sont retenues,
Sont, à l'heure qu'il est, dans leur lit étendues,
Dorment tranquillement, et ne vont point sitôt

ACTE I, SCÈNE II.

Prendre dans une cour ni le froid ni le chaud.

LISETTE, *à Albert.*

Et comment, s'il vous plaît, voulez-vous qu'on repose?
Chez vous, toute la nuit, on n'entend autre chose
Qu'aller, venir, monter, fermer, descendre, ouvrir,
Crier, tousser, cracher, éternuer, courir.
Lorsque, par grand hasard, quelquefois je sommeille,
Un bruit affreux de clefs en sursaut me réveille :
Je veux me rendormir, mais point : un Juif errant,
Qui fait du mal d'autrui son plaisir le plus grand;
Un lutin, que l'enfer a vomi sur la terre
Pour faire aux gens dormants une éternelle guerre,
Commence son vacarme, et nous lutine tous.

ALBERT.

Et quel est ce lutin et ce Juif errant?

LISETTE.

Vous.

ALBERT.

Moi?

LISETTE.

Oui, vous. Je croyois que ces brusques manières
Venoient de quelque esprit qui vouloit des prières;
Et, pour mieux m'éclaircir, dans ce fâcheux état,
Si c'étoit ame ou corps qui faisoit ce sabbat,
Je mis, un certain soir, à travers la montée
Une corde aux deux bouts fortement arrêtée :
Cela fit tout l'effet que j'avois espéré.
Sitôt que pour dormir chacun fut retiré,

En personne d'esprit, sans bruit et sans chandelle,
J'allai dans certain coin me mettre en sentinelle.
Je n'y fus pas long-temps qu'aussitôt, patatras,
Avec un fort grand bruit, voilà l'esprit à bas;
Ses deux jambes à faux dans la corde arrêtées
Lui font avec le nez mesurer les montées.
Soudain j'entends crier, À l'aide! je suis mort!
À ces cris redoublés, et dont je riois fort,
J'accours, et je vous vois étendu sur la place
Avec une apostrophe au milieu de la face;
Et votre nez cassé me fit voir par écrit
Que vous étiez un corps, et non pas un esprit.

ALBERT.

Ah! malheureuse engeance! apanage du diable!
C'est toi qui m'as joué ce tour abominable?
Tu voulois me tuer avec ce trait maudit?

LISETTE.

Non, c'étoit seulement pour attraper l'esprit.

ALBERT.

Je ne sais maintenant qui retient mon courage
Que de vingt coups de poing au milieu du visage...

AGATHE, *le retenant.*

Eh! monsieur, doucement.

ALBERT, *à Agathe.*

      Vous pourriez bien ici,
Vous, la belle, attraper quelque gourmade aussi.

(*à part.*)

Taisez-vous, s'il vous plaît. Pour punir son audace

ACTE I, SCÈNE II.

Il faut que de chez moi sur-le-champ je la chasse.
(*à Lisette.*)
Qu'on sorte de ce pas.

LISETTE, *feignant de pleurer.*

Juste ciel! quel arrêt!
Monsieur!...

ALBERT.

Non, dénichons au plutôt, s'il vous plaît.

LISETTE, *riant.*

Ah! par ma foi, monsieur, vous nous la donnez bonne
De croire qu'en quittant votre triste personne
Le moindre déplaisir puisse saisir mon cœur!
Un écolier qui sort d'avec son précepteur,
Une fille long-temps au célibat liée
Qui quitte ses parents pour être mariée,
Un esclave qui sort des mains des mécréants,
Un vieux forçat qui rompt sa chaîne après trente ans,
Un héritier qui voit un oncle rendre l'ame,
Un époux quand il suit le convoi de sa femme,
N'ont pas le demi-quart tant de plaisir que j'ai
En recevant de vous ce bienheureux congé.

ALBERT.

De sortir de chez moi tu peux être ravie?

LISETTE.

C'est le plus grand plaisir que j'aurai de ma vie.

ALBERT.

Oui! puisqu'il est ainsi, je change de desir,
Et je ne prétends pas te donner ce plaisir:

Tu resteras ici pour faire pénitence.
>(*à Agathe.*)

Et vous, sans raisonner, rentrez en diligence.
>(*Agathe rentre, en faisant la révérence; Lisette en fait autant; Albert la retient, et continue.*)

Demeure, toi; je veux te parler sans témoins.

SCÈNE III.

ALBERT, LISETTE.

ALBERT, *à part.*
Il faut l'amadouer; j'ai besoin de ses soins.
>(*haut.*)

Allons, faisons la paix, vivons d'intelligence :
Je t'aime dans le fond, et plus que l'on ne pense.
LISETTE.
Et je vous aime aussi plus que vous ne pensez.
ALBERT.
Un bel amour, vraiment, à me casser le nez !
Mais je pardonne tout, et te donne promesses
Que tu ressentiras l'effet de mes largesses,
Si tu veux me servir dans une occasion.
LISETTE.
Voyons : de quel service est-il donc question ?
ALBERT.
Tu sais depuis long-temps que sur le fait d'Agathe
J'ai, comme on doit l'avoir, l'ame un peu délicate.

La donzelle bientôt prendroit le mors aux dents,
Sans la précaution que près d'elle je prends.
Chez la dame du bourg jusqu'à quinze ans nourrie,
Toujours dans le grand monde elle a passé sa vie :
Cette dame étant morte, un parent me pria
D'en vouloir prendre soin, et me la confia.
L'amour, depuis ce temps, s'est glissé dans mon ame,
Et j'ai quelque dessein d'en faire un jour ma femme.

LISETTE.

Votre femme? fi donc!

ALBERT.

Qu'entends-tu par ce ton?

LISETTE.

Fi! vous dis-je.

ALBERT.

Comment?

LISETTE.

Eh fi! fi! vous dit-on.
Vous avez trop d'esprit pour faire une sottise;
Et j'en appellerois à votre barbe grise.

ALBERT.

Je n'ai point eu d'enfants de mon hymen passé;
Et je veux achever ce que j'ai commencé,
Faire des héritiers, dont l'heureuse naissance
De mes collatéraux détruise l'espérance.

LISETTE.

Ma foi, faites, monsieur, tout ce qu'il vous plaira,
Jamais postérité de vous ne sortira.

C'est moi qui vous le dis.

ALBERT.

Et pourquoi donc?

LISETTE.

Que sais-je?

ALBERT.

Qui t'a de deviner donné le privilége?
Dis donc, parle; réponds.

LISETTE.

Mon Dieu! je ne dis rien;
Sans dire la raison, vous la devinez bien :
Je m'entends, il suffit.

ALBERT.

Ne te mets point en peine.
Ce sera mon affaire, et point du tout la tienne.

LISETTE.

Ah! vous avez raison.

ALBERT.

Tu sais bien qu'ici-bas
Sans trouver quelque embûche on ne peut faire un pas.
Des piéges qu'on me tend mon ame est alarmée.
Je tiens une brebis avec soin enfermée;
Mais des loups ravissants rôdent pour l'enlever.
Contre leur dent cruelle il la faut conserver;
Et, pour ne craindre rien de leur noire furie,
Je veux de toutes parts fermer la bergerie,
Faire avec soin griller mon château tout autour,
Et ne laisser par-tout qu'un peu d'entrée au jour.

ACTE I, SCÈNE III.

J'ai besoin de tes soins en cette conjoncture
Pour faire à mon desir attacher la clôture.

LISETTE.

Qui? moi!

ALBERT.

Je ne veux pas que cette invention
Paroisse être l'effet de ma précaution.
Agathe avec raison pourroit être alarmée
De se voir par mes soins de la sorte enfermée;
Cela pourroit causer du refroidissement.
Mais, en fille d'esprit, il faut adroitement
Lui dorer la pilule, et lui faire comprendre
Que tout ce qu'on en fait n'est que pour se défendre,
Et que la nuit passée un nombre de bandits
N'a laissé que les murs dans le prochain logis.

LISETTE.

Mais croyez-vous, monsieur, avec ce stratagème,
Et bien d'autres encor dont vous usez de même,
Vous faire bien aimer de l'objet de vos vœux?

ALBERT.

Ce n'est pas ton affaire; il suffit, je le veux.

LISETTE.

Allez, vous êtes fou, de vouloir à votre âge
Pour la seconde fois tâter du mariage;
Plus fou, d'être amoureux d'un objet de quinze ans;
Encor plus fou, d'oser la griller là-dedans.
Ainsi, dans ce dessein, funeste en conséquences,
Je compte la valeur de trois extravagances,

Dont la moindre va droit aux petites-maisons.
ALBERT.
Pour me conduire ainsi j'ai de bonnes raisons.
LISETTE.
Pour moi, grace aux effets de la bonté céleste,
J'ai jusqu'à présent eu de la vertu de reste;
Mais, si j'avois amant ou mari de ce goût,
Ils en auroient, parbleu, sur la tête et par-tout.
Si vous me choisissez pour prendre cette peine,
Je vous le dis tout net, votre espérance est vaine.
Je ne veux point tremper dans vos lâches desseins:
Le cas est trop vilain, je m'en lave les mains.
ALBERT.
Sais-tu qu'après avoir employé la prière
Je saurai contre toi prendre un parti contraire?
LISETTE.
Pestez, jurez, criez, mettez-vous en courroux,
Vous m'entendrez toujours vous dire qu'un jaloux
Est un objet affreux à qui l'on fait la guerre,
Qu'on voudroit de bon cœur voir à cent pieds sous terre;
Qu'il n'est rien plus hideux; que Satan, Lucifer,
Et tant d'autres messieurs habitants de l'enfer,
Sont des objets plus beaux, plus charmants, plus aimables,
Des bourreaux moins cruels et moins insupportables,
Que certains jaloux, tels qu'on en voit en ce lieu.
Vous m'entendez. J'ai dit. Je me retire. Adieu.

SCÈNE IV.

ALBERT.

Pour me trahir ici tout le monde s'emploie :
On diroit qu'ils n'ont pas tous de plus grande joie.
Lisette ne vaut rien ; mais, de crainte de pis,
Malgré sa brusque humeur, je la garde au logis.
Je ne laisserai pas, quoi qu'on dise et qu'on glose,
D'accomplir le dessein que mon cœur se propose.

SCÈNE V.

ALBERT, CRISPIN.

CRISPIN, *à part.*

Mon maître, qui m'attend au cabaret prochain,
M'envoie ici devant pour sonder le terrain.
Voilà, je crois, notre homme ; il faut feindre de sorte...

ALBERT.

Que faites-vous ici seul, et devant ma porte ?

CRISPIN.

Bonjour, monsieur.

ALBERT.

Bonjour.

CRISPIN.

               Vous portez-vous bien ?

ALBERT.

                        Oui.

CRISPIN.
En vérité, j'en ai le cœur bien réjoui.
ALBERT.
Content, ou non content, quel sujet vous attire,
Et quel homme êtes-vous?
CRISPIN.
J'aurois peine à le dire.
J'ai fait tant de métiers, d'après le naturel,
Que je puis m'appeler un homme universel.
J'ai couru l'univers; le monde est ma patrie:
Faute de revenu, je vis de l'industrie,
Comme bien d'autres font; selon l'occasion,
Quelquefois honnête homme, et quelquefois fripon.
J'ai servi volontaire un an dans la marine;
Et, me sentant le cœur enclin à la rapine,
Après avoir été dix-huit mois flibustier,
Un mien parent me fit apprenti maltôtier.
J'ai porté le mousquet en Flandre, en Allemagne;
Et j'étois miquelet dans les guerres d'Espagne.
ALBERT.
Voilà bien des métiers!
(*à part.*)
Du bas jusques en haut,
Cet homme me paroît avoir l'air d'un maraud.
(*haut.*)
Que faites-vous ici? parlez.
CRISPIN.
Je me retire.

ACTE I, SCÈNE V.

ALBERT.

Non, non; il faut parler.

CRISPIN, *à part.*

Je ne sais que lui dire.

ALBERT.

Vous me portez tout l'air d'être de ces fripons
Qui rôdent pour entrer la nuit dans les maisons.

CRISPIN.

Vous me connoissez mal; j'ai d'autres soins en tête.
Tandis que le hasard dans ce séjour m'arrête,
Ayant pour bien des maux des secrets merveilleux,
Je m'amuse à chercher des simples dans ces lieux.

ALBERT.

Des simples?

CRISPIN.

Oui, monsieur. Tout le temps de ma vie
J'ai fait profession d'exercer la chimie.
Tel que vous me voyez, il n'est guère de maux
Où je ne sache mettre un remède à propos;
Pierre, gravelle, toux, vertige, maux de mère.
On m'a même accusé d'avoir un caractère.
Il ne s'en est fallu qu'un degré de chaleur
Pour être de mon temps le plus heureux souffleur.

ALBERT.

Cet habit cependant n'est pas de compétence.

CRISPIN.

Vous savez que l'habit ne fait pas la science;
Et je ne serois pas réduit d'être valet,

Si je n'avois eu bruit avec le châtelet.
Mais un jour on verra triompher l'innocence.

ALBERT.

Vous avez, dites-vous...

CRISPIN.

Voyez la médisance!
Certain jour, me trouvant le long d'un grand chemin,
Moi troisième, et le jour étant sur son déclin,
En un certain bourbier j'aperçus certain coche.
En homme secourable aussitôt je m'approche;
Et, pour le soulager du poids qui l'arrêtoit,
J'ôtai du magasin les paquets qu'il portoit.
On a voulu depuis, pour ce trait charitable,
De ces paquets perdus me rendre responsable :
Le prévôt s'en mêloit; c'est pourquoi mes amis
Me conseillèrent tous de quitter le pays.

ALBERT.

C'est agir prudemment en affaires pareilles.

CRISPIN.

J'arrive de la guerre, où j'ai fait des merveilles.
Les Ardennes m'ont vu soutenir tout le feu,
Et batailler un jour seul contre un parti bleu.
J'ai, dans le Milanois, payé de ma personne.
Savez-vous bien, monsieur, que j'étois dans Crémone?

ALBERT.

Je vous crois. Mais, après tous ces exploits fameux,
Que voulez-vous enfin de moi?

ACTE I, SCÈNE V.

CRISPIN.

Ce que je veux?

ALBERT.

Oui.

CRISPIN.

Rien. Je crois qu'on peut, quoique l'on en raisonne,
Se promener ici, sans offenser personne.

ALBERT.

Oui : mais il ne faut pas trop long-temps y rester.
Serviteur.

CRISPIN.

Serviteur. Avant de nous quitter,
Dites-moi, s'il vous plaît, monsieur, à qui peut être
Le château que voilà.

ALBERT.

Mais... il est à son maître.

CRISPIN.

C'est parler comme il faut. Vous répondez si bien,
Que l'on ne peut sitôt quitter votre entretien.
Nous devons à la ville aller ce soir au gîte.
Y serons-nous bientôt?

ALBERT.

Si vous allez bien vite.

CRISPIN, *à part.*

Cet homme n'aime pas les conversations.

(*haut.*)

Pour finir en un mot toutes mes questions,

Je pars, et dites-moi quelle heure il pourroit être.

ALBERT.

La demande est plaisante! À ce qu'on peut connoître,
Vous me croyez ici mis, comme les cadrans,
Pour, du haut d'un clocher, montrer l'heure aux passants :
Allez l'apprendre ailleurs; partez; je vous conseille
De ne pas plus long-temps étourdir mon oreille.
Votre aspect me fatigue autant que vos discours.
Adieu : bonjour.

SCÈNE VI.

CRISPIN.

Cet homme a bien de l'air d'un ours.
Par ma foi, ce début commence à m'interdire.
Le vieillard me paroît un peu sujet à l'ire.
Pour en venir à bout il faudra batailler :
Tant mieux; c'est où je brille, et j'aime à ferrailler.

SCÈNE VII.

ÉRASTE, CRISPIN.

CRISPIN.

Mais j'aperçois mon maître.

ÉRASTE.

Eh bien! quelle nouvelle,
Cher Crispin? Dans ces lieux as-tu vu cette belle?
As-tu vu ce tuteur? et vois-tu quelque jour,

Quelque rayon d'espoir qui flatte mon amour?
CRISPIN.
À vous dire le vrai, ce n'étoit pas la peine
De venir de Milan ici tout d'une haleine,
Pour nous en retourner d'abord du même train;
Vous pouviez m'épargner le travail du chemin.
Ah! que ce mont Cenis est un pas ridicule!
Vous souvient-il, monsieur, quand ma maudite mule
Me jeta, par malice, en ce trou si profond?
Je fus près d'un quart d'heure à rouler jusqu'au fond.
ÉRASTE.
Ne badine donc point; parle d'autre manière.
CRISPIN.
Puisque vous souhaitez une phrase plus claire,
Je vous dirai, monsieur, que j'ai vu le jaloux,
Qui m'a reçu d'un air qui tient de l'aigre-doux.
Il faudra du canon pour emporter la place.
ÉRASTE.
Nous en viendrons à bout, quoi qu'il dise et qu'il fasse;
Et je ne prétends point abandonner ces lieux
Que je ne sois nanti de l'objet de mes vœux.
L'amour, de ce brutal, vaincra la résistance.
CRISPIN.
J'aurois pour le succès assez bonne espérance,
Si de quelque argent frais nous avions le secours :
C'est le nerf de la guerre, ainsi que des amours.
ÉRASTE.
Ne te mets point en peine; Agathe, en mariage,

A trente mille écus de bon bien en partage :
Quand elle n'auroit rien, je l'aime cent fois mieux
Qu'une autre avec tout l'or qui séduiroit tes yeux.
Dès ses plus tendres ans chez ma mère élevée,
Son image en mon cœur est tellement gravée,
Que rien ne pourra plus en effacer les traits.
Nos deux cœurs, qui sembloient l'un pour l'autre être faits,
Goûtoient de cet amour l'heureuse intelligence,
Quand ma mère mourut. Dans cette décadence,
Albert, ce vieux jaloux que l'enfer confondra,
Par avis de parents d'Agathe s'empara.
Je ne le connois point ; et lui, comme je pense,
De moi ni de mon nom n'a nulle connoissance.
On m'a dit qu'il étoit d'un très fâcheux esprit,
Défiant, dur, brutal.

CRISPIN.

Et l'on vous a bien dit.
Il faut savoir d'abord si dans la forteresse
Nous nous introduirons par force ou par adresse ;
S'il est plus à propos, pour nos desseins conçus,
De faire un siège ouvert, ou former un blocus.

ÉRASTE.

Tu te sers à propos de termes militaires ;
Tu reviens de la guerre.

CRISPIN.

En toutes les affaires
La tête doit toujours agir avant le bras.
Ce n'est pas d'aujourd'hui que je vois des combats :

ACTE I, SCÈNE VII.

J'ai même déserté deux fois dans la milice.
Quand on veut, voyez-vous, qu'un siége réussisse,
Il faut premièrement s'emparer des dehors,
Connoître les endroits, les foibles et les forts.
Quand on est bien instruit de tout ce qui se passe,
On ouvre la tranchée, on canonne la place,
On renverse un rempart, on fait bréche; aussitôt
On avance en bon ordre, et l'on donne l'assaut;
On égorge, on massacre, on tue, on vole, on pille.
C'est de même à peu près quand on prend une fille :
N'est-il pas vrai, monsieur?

ÉRASTE.

À quelque chose près.
La suivante Lisette est dans nos intérêts.

CRISPIN.

Tant mieux : plus dans la ville on a d'intelligence,
Et plus pour le succès on conçoit d'espérance.
Il la faut avertir que, sans bruit, sans tambours,
Il est toute la nuit arrivé du secours;
Lui faire des signaux, pour lui faire comprendre...

ÉRASTE.

Allons voir là-dessus quels moyens il faut prendre;
Et, pour ne point donner de soupçons dangereux,
Évitons de rester plus long-temps en ces lieux.

SCÈNE VIII.

CRISPIN.

Moi, comme ingénieur et chef d'artillerie,
Je vais voir où je dois placer ma batterie,
Pour battre en brèche Albert, et l'obliger bientôt
À nous rendre la place, ou soutenir l'assaut.

FIN DU PREMIER ACTE.

ACTE SECOND.

SCÈNE I.

ALBERT.

Un secret confié, dit un excellent homme
(J'ignore son pays et comment il se nomme),
Est la chose à laquelle on doit plus regarder,
Et la plus difficile en ce temps à garder :
Cependant, n'en déplaise à ce docteur habile,
La garde d'une fille est bien plus difficile.
J'ai fait par le jardin entrer le serrurier,
Qui doit à mon dessein promptement s'employer.
Je veux faire sortir Agathe et sa suivante,
De peur qu'à cet aspect leur cœur ne s'épouvante :
Il faut les appeler, afin qu'à son plaisir
L'ouvrier libre et seul puisse agir à loisir.
Quand j'aurai sur ce point satisfait ma prudence,
Il faudra les résoudre à prendre patience.
Holà, quelqu'un.

SCÈNE II.

AGATHE, LISETTE, ALBERT.

ALBERT.
Venez sous ces arbres épais,
Pendant quelques moments, prendre avec moi le frais.

LISETTE, *à Albert.*
Voilà du fruit nouveau. Quel démon favorable
Vous rend l'accueil si doux, et l'humeur si traitable?
Par votre ordre étonnant, depuis plus de six mois,
Nous sortons aujourd'hui pour la première fois.

ALBERT.
Il faut changer de lieu quelquefois dans la vie;
Le plus charmant séjour à la fin nous ennuie.

AGATHE, *à Albert.*
Sous quelque autre climat que je sois avec vous,
L'air n'y sera pour moi ni meilleur ni plus doux.
Je ne sais pas pourquoi; mais enfin je soupire,
Quand je suis près de vous, plus que je ne respire.

ALBERT, *à Agathe.*
Mon cœur à ce discours se pâme de plaisirs.
Il te faut un époux pour calmer ces soupirs.

AGATHE.
Les filles, d'ordinaire assez dissimulées,
Font, au seul nom d'époux, d'abord les réservées,
Masquent leurs vrais desirs, et répondent souvent
N'aimer d'autre parti que celui du couvent:

Pour moi, que le pouvoir de la vérité presse,
Qui ne trouve en cela ni crime ni foiblesse,
J'ai le cœur plus sincère; et je vous dis sans fard
Que j'aspire à l'hymen, et plutôt que plus tard.
LISETTE.
C'est bien dit. Que sert-il, au printemps de son âge,
De vouloir se soustraire au joug du mariage,
Et de se retrancher du nombre des vivants?
Il étoit des maris bien avant des couvents;
Et je tiens, moi, qu'il faut suivre, en toute méthode,
Et la plus ancienne, et la plus à la mode.
Le parti d'un époux est le plus ancien,
Et le plus usité; c'est pourquoi je m'y tien.
ALBERT.
En personnes d'esprit vous parlez l'une et l'autre.
Mes sentiments aussi sont conformes au vôtre :
Je veux me marier. Riche comme je suis,
On me vient tous les jours proposer des partis
Qui paroissent pour moi d'un très grand avantage;
Mais je réponds toujours qu'un autre amour m'engage;
   (*à Agathe.*)
Que mon cœur, prévenu de ta rare beauté,
Pour toi seule soupire; et que, de ton côté,
Tu n'adores que moi.
AGATHE.
Comment donc!
ALBERT.
Oui, mignonne,

J'ai déclaré l'amour qui pour moi t'aiguillonne.

AGATHE.

Vous avez, s'il vous plaît, dit...

ALBERT.

Qu'au fond de ton cœur
Pour moi tu nourrissois une sincère ardeur.

AGATHE.

Votre discrétion vraiment ne paroît guère.

ALBERT.

On ne peut être heureux, belle Agathe, et se taire.

AGATHE.

Vous ne deviez pas faire un tel aveu si haut.

ALBERT.

Et pourquoi, mon enfant?

AGATHE.

C'est que rien n'est si faux,
Et qu'on ne peut mentir avec plus d'impudence.

ALBERT.

Vous ne m'aimez donc pas?

AGATHE.

Non; mais, en récompense,
Je vous hais à la mort.

ALBERT.

Et pourquoi?

AGATHE.

Qui le sait?
On aime sans raison, et sans raison on hait.

ACTE II, SCÈNE II.

LISETTE, *à Albert.*

Si l'aveu n'est pas tendre, il est du moins sincère.

ALBERT, *à Agathe.*

Après ce que j'ai fait, basilic, pour te plaire!

LISETTE.

Ne nous emportons point; voyons tranquillement
Si l'amour vous a fait un objet bien charmant.
Vos traits sont effacés, elle est aimable et fraîche;
Elle a l'esprit bien fait, et vous l'humeur revêche;
Elle n'a pas seize ans, et vous êtes fort vieux;
Elle se porte bien, vous êtes catarrheux;
Elle a toutes ses dents qui la rendent plus belle,
Vous n'en avez plus qu'une, encore branle-t-elle,
Et doit être emportée à la première toux.
À quelle malheureuse ici-bas plairiez-vous?

ALBERT.

Si j'ai pris pour lui plaire une inutile peine,
Je veux, parlasambleu, mériter cette haine,
Et mettre en sûreté ses dangereux appas.
Je vais en certain lieu la mener de ce pas,
Loin de tous damoiseaux, où de son arrogance
Elle aura tout loisir de faire pénitence.
Allons, vite, marchons.

AGATHE.

Où voulez-vous aller?

ALBERT.

Vous le saurez tantôt : marchons, sans tant parler.

SCÈNE III.

ÉRASTE, ALBERT, AGATHE, LISETTE, CRISPIN.

(*Éraste entre comme un homme qui se promène; il aperçoit Albert, et le salue.*)

ALBERT, *à part.*

Quel triste contre-temps dans cette conjoncture!
Au diable le fâcheux, et sa sotte figure!
(*haut, à Éraste.*)
Souhaitez-vous, monsieur, quelque chose de moi?

LISETTE, *bas, à Agathe.*

C'est Éraste.

AGATHE, *bas.*

Paix donc, je le vois mieux que toi.
(*Éraste continue à saluer.*)

ALBERT.

À quoi servent, monsieur, les façons que vous faites?
Parlez donc, je suis las de toutes ces courbettes.

ÉRASTE.

Étranger dans ces lieux, et ravi de vous voir,
Vous rendant mes respects, je remplis mon devoir.
Assez près de chez vous ma chaise s'est rompue.
Lorsqu'à la réparer ici l'on s'évertue,
Attiré par l'aspect et le frais de ces lieux,
Je viens y respirer un air délicieux.

ACTE II, SCÈNE III.

ALBERT.

Vous vous trompez, monsieur; l'air qu'ici l'on respire
Est tout-à-fait mal-sain : je dois même vous dire
Que vous ferez fort mal d'y demeurer long-temps,
Et qu'il est dangereux et mortel aux passants.

AGATHE.

Hélas! rien n'est plus vrai; depuis que j'y respire,
Je languis nuit et jour dans un cruel martyre.

CRISPIN.

Que l'on me donne à moi toujours du même vin
Que celui que notre hôte a percé ce matin,
Et je défie ici toux, fièvre, apoplexie,
De pouvoir de cent ans attenter à ma vie.

ÉRASTE.

On ne croira jamais qu'avec tant de beauté,
Et cet air si fleuri, vous manquiez de santé.

ALBERT.

Qu'elle se porte bien, ou qu'elle soit malade,
Cherchez un autre lieu pour votre promenade.

ÉRASTE.

Cet objet que le ciel a pris soin de parer,
Cette vue où mon œil se plaît à s'égarer,
Enchante mes regards; et jamais la nature
N'étala ses attraits avec tant de parure.
Mon cœur est amoureux de ce qu'on voit ici.

ALBERT.

Oui, le pays est beau, chacun en parle ainsi.
Mais vous emploieriez mieux la fin de la journée :

Votre chaise à présent doit être accommodée ;
Votre présence ici ne fait aucun besoin :
Partez ; vous devriez être déja bien loin.

ÉRASTE.

Je pars dans le moment. Dites-moi, je vous prie...

ALBERT.

Puisque de babiller vous avez tant d'envie,
Je vais vous écouter avec attention.
(*à Agathe et à Lisette.*)
Rentrez, rentrez.

LISETTE.

Monsieur...

ALBERT.

Eh! rentrez, vous dit-on.

ÉRASTE.

Je me retirerai plutôt que d'être cause
Que madame pour moi souffre la moindre chose.

AGATHE.

Non, monsieur, demeurez ; et jusques à demain
Différez, croyez-moi, de vous mettre en chemin ;
Et ne vous y mettez qu'en bonne compagnie :
Les chemins sont mal sûrs.

ALBERT.

Que de cérémonie !

(*Agathe rentre.*)

SCÈNE IV.

ALBERT, LISETTE, ÉRASTE, CRISPIN.

ALBERT, *à Lisette.*

Allons, vite, rentrons.

LISETTE.

Oui, oui, je rentrerai;
Mais, devant ces messieurs, tout haut je vous dirai
Que le ciel enverra quelque honnête personne,
Pour faire enfin cesser les chagrins qu'on nous donne.
Depuis plus de six mois, dans ce cloître nouveau,
Nous n'avons aperçu que l'ombre d'un chapeau.
À tout homme en ce lieu l'entrée est interdite.
Tout dans cette maison est sujet à visite.
Nous croyons quelquefois que le monde a pris fin.
Rien n'entre ici, s'il n'est du genre féminin :
Jugez si quelque fille en ce lieu peut se plaire.

ALBERT, *lui mettant la main sur la bouche, et la faisant rentrer.*

Ah! je t'arracherai ta langue de vipère!

SCÈNE V.

ALBERT, ÉRASTE, CRISPIN.

ALBERT, *bas.*

Je ne veux point sitôt rentrer dans le logis,

Pour donner tout le temps que les barreaux soient mis :
Leurs plaintes et leurs cris me toucheroient peut-être.
   (*haut.*)
Çà, de quoi s'agit-il ? Parlez ; vous voilà maître :
Mais sur-tout soyez bref.

ÉRASTE.

                Je suis fâché, vraiment,
Que pour moi votre fille ait un tel traitement.

ALBERT.

Qu'est-ce à dire, ma fille ?

ÉRASTE.

              Est-ce donc votre femme ?

ALBERT.

Cela sera bientôt.

ÉRASTE.

        J'en suis ravi dans l'ame.
Vous ne pouvez jamais prendre un plus beau dessein,
Et vous faites fort bien de lui tenir la main.
Tous les maris devroient faire ce que vous faites ;
Les femmes aujourd'hui sont toutes si coquettes !...

ALBERT.

J'empêcherai, parbleu, que celle que je prends
Ne suive la manière et le train de ce temps.

CRISPIN.

Ah ! que vous ferez bien ! Je suis si soûl des femmes !...
Et je suis si ravi quand quelques bonnes ames
Se servent de main-mise un peu de temps en temps !...

ACTE II, SCÈNE V.

ALBERT.

Ce garçon-là me plaît, et parle de bon sens.

ÉRASTE.

Pour moi, je ne vois rien de si digne de blâme
Qu'un homme qui s'endort sur la foi d'une femme ;
Qui, sans être jamais de soupçons combattu,
Compte tranquillement sur sa frêle vertu ;
Croit qu'on fit pour lui seul une femme fidèle.
Il faut faire soi-même en tout temps sentinelle ;
Suivre par-tout ses pas ; l'enfermer, s'il le faut ;
Quand elle veut gronder, crier encor plus haut :
Et, malgré tous les soins dont l'amour nous occupe,
Le plus fin, quel qu'il soit, en est toujours la dupe.

ALBERT.

Nous sommes un peu grecs sur ces matières-là :
Qui pourra m'attraper bien habile sera.
Chaque jour là-dedans j'invente quelque adresse
Pour mieux déconcerter leur ruse et leur finesse.
Ma foi, vous aurez beau, messieurs leurs partisans,
Débonnaires maris, doucereux courtisans,
Abbés blonds et musqués, qui cherchez par la ville
Des femmes dont l'époux soit d'un accès facile,
Publier que je suis un brutal, un jaloux ;
Dans le fond de mon cœur je me rirai de vous.

ÉRASTE.

Quand vous seriez jaloux, devez-vous vous défendre
Pour avoir plus qu'un autre un cœur sensible et tendre ?

Sans être un peu jaloux on ne peut être amant.
Bien des gens cependant raisonnent autrement.
Un jaloux, disent-ils, qui sans cesse querelle,
Est plutôt le tyran que l'amant d'une belle.
Sans relâche agité de fureur et d'ennui,
Il ne met son plaisir que dans le mal d'autrui.
Insupportable à tous, odieux à lui-même,
Chacun à le tromper met son plaisir extrême,
Et voudroit qu'on permît d'étouffer un jaloux
Comme un monstre échappé de l'enfer en courroux.
C'est dans le monde ainsi qu'on parle d'ordinaire :
Mais, pour moi, je soutiens un parti tout contraire,
Et dis qu'un galant homme, et qui fait tant d'aimer,
Par de jaloux transports peut se voir animer,
Céder à ce penchant ; et qu'il faut, dans la vie,
Assaisonner l'amour d'un peu de jalousie.

ALBERT.

Certes, vous me charmez, monsieur, par votre esprit.
Je voudrois pour beaucoup que cela fût écrit,
Pour le montrer aux sots qui blâment ma manière.

CRISPIN.

Entrons chez vous, monsieur : là, pour vous satisfaire,
Je vous l'écrirai tout, sans qu'il vous coûte rien.

ALBERT, *l'arrêtant.*

Je vous suis obligé ; je m'en souviendrai bien.
Vous n'avez pas, je crois, autre chose à me dire :
Voilà votre chemin. Adieu : je me retire.

Que le ciel vous maintienne en ces bons sentiments;
Et ne demeurez pas en ce lieu plus long-temps.

SCÈNE VI.

LISETTE, ÉRASTE, ALBERT, CRISPIN.

LISETTE.

Au secours! Aux voisins! Quel accident terrible!
Quelle triste aventure! Ah ciel! est-il possible?
Pauvre seigneur Albert! que vas-tu devenir?
Le coup est trop mortel; je n'en puis revenir.

ALBERT.

Qu'est-il donc arrivé?

LISETTE.

La plus rude disgrace...

ALBERT.

Mais encor faut-il bien savoir ce qui se passe.

LISETTE.

Agathe...

ÉRASTE.

Eh bien! Agathe?

LISETTE.

Agathe, en ce moment,
Vient de devenir folle, et tout subitement.

ALBERT.

Agathe est folle!

LES FOLIES AMOUREUSES.

ÉRASTE.

Ah ciel!

ALBERT.

Cela n'est pas croyable.

LISETTE.

Ah! monsieur, ce malheur n'est que trop véritable.
Quand par votre ordre exprès elle a vu travailler
Ce maudit serrurier, venu pour nous griller,
Qu'elle a vu ces barreaux et ces grilles paroître,
Dont ce noir forgeron condamnoit sa fenêtre,
J'ai dans le même instant vu ses yeux s'égarer,
Et son esprit frappé soudain s'évaporer.
Elle tient des discours remplis d'extravagance;
Elle court, elle grimpe, elle chante, elle danse;
Elle prend un habit, puis le change soudain
Avec ce qu'elle peut rencontrer sous sa main.
Tout-à-l'heure elle a mis, dans votre garde-robe,
Votre large culotte, et votre grande robe;
Puis, prenant sa guitare, elle a de sa façon
Chanté différents airs en différent jargon.
Enfin c'est cent fois pis que je ne puis vous dire.
On ne peut s'empêcher d'en pleurer et d'en rire.

ÉRASTE.

Qu'entends-je? juste ciel!

ALBERT.

Quel funeste malheur!

LISETTE.

De ce triste accident vous êtes seul l'auteur:

ACTE II, SCÈNE VI.

Et voilà ce que c'est que d'enfermer les filles!
ALBERT.
Maudite prévoyance, et malheureuses grilles!
LISETTE.
J'ai voulu dans sa chambre un moment l'enfermer:
C'étoient des hurlements qu'on ne peut exprimer;
De rage elle battoit les murs avec sa tête.
J'ai dit qu'on ouvre tout, et qu'aucun ne l'arrête.
Mais je la vois venir.

SCÈNE VII.

AGATHE, ALBERT, ÉRASTE, LISETTE, CRISPIN.

LISETTE.
Hélas! à tout moment
Elle change de forme et de déguisement.
AGATHE, *en habit d'Espagnolette, avec une guitare, faisant le musicien, chante.*
Toute la nuit entière
Un vieux vilain matou
Me guette sur la gouttière.
Ah! qu'il est fou!
Ne se peut-il point faire
Qu'il s'y rompe le cou?
ÉRASTE, *bas, à Crispin.*
Malgré son mal, Crispin, l'aimable et doux visage!

220 LES FOLIES AMOUREUSES.

CRISPIN, *bas*.

Je l'aimerois encor mieux qu'une autre plus sage.

AGATHE *chante*.

Ne se peut-il point faire
Qu'il s'y rompe le cou?

Vous êtes du métier? musiciens, s'entend;
Fort vains, fort altérés, fort peu d'argent comptant.
Je suis, ainsi que vous, membre de la musique,
Enfant de *G ré sol;* et de plus je m'en pique:
D'un bout du monde à l'autre on vante mon talent.
Sur un certain *duo*, que je trouve excellent,
Parcequ'il est de moi, je veux, sans complaisance,
Que chacun de vous deux me dise ce qu'il pense.

ALBERT.

Ah! ma chère Lisette, elle a perdu l'esprit.

LISETTE.

Qui le sait mieux que moi? ne vous l'ai-je pas dit?

(*Agathe chante un petit prélude.*)

CRISPIN.

Ce qui m'en plaît, monsieur, sa folie est gaillarde.

ALBERT.

Elle a les yeux troublés, et la mine hagarde.

AGATHE.

J'aime les gens de l'art.

(*Elle présente une main à Albert qu'elle secoue rudement, et laisse baiser l'autre à Éraste.*)

Touchez là, touchez là.

L'air que vous entendrez est fait en *A mi la* ;
C'est mon ton favori : la musique en est vive,
Bizarre, pétulante, et fort récréative ;
Les mouvements légers, nouveaux, vifs et pressés.
L'on m'envoya chercher, un de ces jours passés,
Pour détremper un peu l'humeur mélancolique
D'un homme dès long-temps au lit paralytique :
Dès que j'eus mis en chant un certain rigaudon,
Trois sages médecins, venus dans la maison,
La garde, le malade, un vieil apothicaire
Qui venoit d'exercer son grave ministère,
Sans respect du métier, se prenant par la main,
Se mirent à danser jusques au lendemain.

CRISPIN, *à Éraste.*

Voir une faculté faire en rond une danse,
Et sortir dans la rue ainsi tous en cadence,
Cela doit être beau, monsieur !

ÉRASTE, *bas, à Crispin.*

Quoi ! malheureux,
Tu peux rire, et la voir en cet état affreux !

AGATHE.

Attendez... doucement... mon démon de musique
M'agite, me saisit... je tiens du chromatique.
Les cheveux à la tête en dresseront d'horreur...
Ne troublez pas le dieu qui me met en fureur.
Je sens qu'en tons heureux ma verve se dégorge.
  (*Elle tousse beaucoup, et crache au nez d'Albert.*
Pouah ! c'est un diésis que j'avois à la gorge.

Or donc, dans le *duo* dont il est question,
Vous y verrez du vif et de la passion :
Je réussis des mieux et dans l'un et dans l'autre.
(*Elle donne un papier de musique à Albert, et une lettre à Éraste.*)
Voilà votre partie; et vous, voilà la vôtre.
(*Elle tousse pour se préparer à chanter.*)

CRISPIN.

Écartons-nous un peu; je crains les diésis.

LISETTE, *à part.*

Nous entendrons bientôt de beaux charivaris.

ALBERT.

Agathe, mon enfant! ton erreur est extrême :
Je suis seigneur Albert, qui te chéris, qui t'aime.

AGATHE.

Parbleu, vous chanterez.

ALBERT.

Eh bien! je chanterai;
Et, si c'est ton desir encor, je danserai.

ÉRASTE, *ouvrant son papier, à part.*

Une lettre, Crispin!

CRISPIN, *bas, à Éraste.*

Ah ciel! quelle aventure!
Le maître de musique entend la tablature.

AGATHE.

Çà, comptez bien vos temps pour partir : cette fois,
C'est vous qui commencez. Allons, vite. Un, deux, trois.
(*Elle donne un coup du papier dont elle bat la me-*

sure sur la tête d'Albert, et frappe du pied sur le sien avec colère.)

Partez donc, partez donc, musicien barbare,
Ignorant par nature, ainsi que par bécarre.
Quelle rauque grenouille au milieu de ses joncs
T'a donné de ton art les premières leçons?
Sais-tu, dans un concert, ou croasser, ou braire?

ALBERT.

Je vous ai déja dit, sans vouloir vous déplaire,
Que je n'ai point l'honneur d'être musicien.

AGATHE.

Pourquoi donc, ignorant, viens-tu, ne sachant rien,
Interrompre un concert où ta seule présence
Cause des contre-temps et de la discordance?
Vit-on jamais un âne essayer des bémols,
Et se mêler au chant des tendres rossignols?
Jamais un noir corbeau, de malheureux présage,
Troubla-t-il des serins l'agréable ramage?
Et jamais, dans les bois, un sinistre hibou,
Pour chanter un concert, sortit-il de son trou?
Tu n'es et ne seras qu'un sot toute ta vie.

CRISPIN, *à Agathe.*

Mon maître, comme il faut, chantera sa partie;
J'en suis sa caution.

AGATHE.

Il faut que dès ce soir
Dans une sérénade il montre son savoir;
Qu'il fasse une musique, et prompte, et vive, et tendre,

Qui m'enléve!

LISETTE, *à Crispin.*

Entends-tu?

CRISPIN.

Je commence à comprendre.
C'est... comme qui diroit une fugue.

AGATHE.

D'accord.

CRISPIN.

Une fugue, en musique, est un morceau bien fort,
(*bas, à Agathe.*)
Et qui coûte beaucoup. Nous n'avons pas un double.

AGATHE, *bas, à Crispin.*

Nous pourvoirons à tout; qu'aucun soin ne vous trouble.

ÉRASTE, *à Agathe.*

Vous verrez que je suis un homme de concert,
Et que je sais de plus chanter à livre ouvert.

AGATHE *chante.*

L'ucelletto,
No, non è matto,
Chi, cercando di quà, di là,
Va trovando la libertà :
Ut re mi, re mi fa;
Mi fa sol, fa sol la.

Al dispetto
D'un vecchio bruto,
E cercando di quà, di là,

ACTE II, SCÈNE VII.

L'ucelletto si salverà :
Ut re mi, re mi fa ;
Mi fa sol, fa sol la.

(*Elle sort en chantant et en dansant autour d'Éraste.*)

SCÈNE VIII.

ALBERT, LISETTE, ÉRASTE, CRISPIN.

ALBERT.

Lisette, suivons-la ; voyons s'il est possible
D'apporter du reméde à ce malheur terrible.

SCÈNE IX.

LISETTE, ÉRASTE, CRISPIN.

LISETTE.

Ma pauvre maîtresse ! Ah ! j'ai le cœur si saisi !
Je crois que je m'en vais devenir folle aussi.
(*Elle sort en chantant et en dansant autour de Crispin.*)

SCÈNE X.

ÉRASTE, CRISPIN.

ÉRASTE, *ouvrant la lettre.*

Il est entré. Lisons...

« Vous serez surpris du parti que je prends ; mais
« l'esclavage où je me trouve devenant plus dur cha-

« que jour, j'ai cru qu'il m'étoit permis de tout en-
« treprendre. Vous, de votre côté, essayez tout pour
« me délivrer de la tyrannie d'un homme que je hais
« autant que je vous aime. »

              Que dis-tu, je te prie,
De tout ce que tu vois, et de cette folie?
####### CRISPIN.
J'admire les ressorts de l'esprit féminin,
Quand il est agité de l'amoureux lutin.
####### ÉRASTE.
Il faut que cette nuit, sans plus longue remise,
Nous fassions éclater quelque noble entreprise,
Et que nous l'arrachions, Crispin, d'un joug si dur.
####### CRISPIN.
Vous voulez l'enlever?
####### ÉRASTE.
              Ce seroit le plus sûr
Et le plus prompt.
####### CRISPIN.
              D'accord. Mais, vous rendant service,
Je crains après cela...
####### ÉRASTE.
            Que crains-tu?
####### CRISPIN.
                    La justice.
####### ÉRASTE.
C'est pour nous épouser.

ACTE II, SCÈNE X.

CRISPIN.

C'est fort bien entendu.
Vous serez épousé; moi, je serai pendu.

ÉRASTE.

Il me vient un dessein... Tu connois bien Clitandre?

CRISPIN.

Oui-dà.

ÉRASTE.

D'un tel ami nous pouvons tout attendre :
Son château n'est pas loin; c'est chez lui que je veux
Me choisir un asile en partant de ces lieux.
Là, bravant du jaloux le dépit et la rage,
Nous disposerons tout pour notre mariage.
La joie et le plaisir règnent dans ce séjour,
Et nous y conduirons et l'hymen et l'amour.

SCÈNE XI.

ALBERT, ÉRASTE, CRISPIN.

ALBERT, *à Éraste.*

Ah! monsieur, excusez l'ennui qui me possède :
Je reviens sur mes pas pour chercher du reméde.
Cet homme est à vous?

ÉRASTE.

Oui.

ALBERT.

De grace, ordonnez-lui

Qu'il veuille à mon secours s'employer aujourd'hui.

ÉRASTE.

Et que peut-il pour vous? parlez.

ALBERT.

De sa science
Il a daigné tantôt me faire confidence.
Il a mille secrets pour guérir bien des maux;
Peut-être en a-t-il un pour les foibles cerveaux.

CRISPIN.

Oui, oui, j'en ai plus d'un, dont l'effet salutaire...
Mais vous m'avez tantôt traité d'une manière!...

ALBERT, *à Crispin.*

Ah, monsieur!

CRISPIN.

Refuser, lorsqu'on vous en prioit,
De dire le chemin, et l'heure qu'il étoit!

ALBERT.

Pardonnez mon erreur.

CRISPIN.

En nul lieu, de ma vie,
On ne me fit tel tour, pas même en Barbarie.

ALBERT.

Pourrez-vous, sans pitié, voir éteindre les jours
D'un objet si charmant, sans lui donner secours?
(*à Éraste.*)
Monsieur, parlez pour moi.

ÉRASTE.

Crispin, je t'en conjure;

ACTE II, SCÈNE XI.

Tâche à guérir le mal que cette belle endure.
CRISPIN.
J'immole encor pour vous tout mon ressentiment.
(*à Albert.*)
Oui, je veux la guérir, et radicalement.
ALBERT.
Quoi! vous pourriez...
CRISPIN.
Rentrez. Je vais voir dans mon livre
Le remède qu'il est plus à propos de suivre...
Vous me verrez tantôt dans l'opération.
ALBERT.
Je ne puis exprimer mon obligation.
Mais aussi soyez sûr que mon bien et ma vie...
CRISPIN.
Allez; je ne veux rien qu'elle ne soit guérie.

SCÈNE XII.

ÉRASTE, CRISPIN.

ÉRASTE.
Que veut dire cela? Par quel heureux destin
Es-tu donc à ses yeux devenu médecin?
CRISPIN.
Ma foi, je n'en sais rien. Ce que je puis vous dire,
C'est que tantôt sa vue ayant su m'interdire,
Pour cacher mon dessein et me déguiser mieux,

J'ai dit que je cherchois des simples dans ces lieux,
Que j'avois pour tous maux des secrets admirables,
Et faisois tous les jours des cures incurables;
Et voilà justement ce qui fait son erreur.

ÉRASTE.

Il en faut profiter. Je ressens dans mon cœur
Renaître en ce moment l'espérance et la joie.
Allons nous consulter, et voir par quelle voie
Nous pourrons réussir dans nos nobles projets,
Et ferons éclater ton art et tes secrets.

CRISPIN.

Moi, je suis prêt à tout : mais il est inutile
D'entreprendre un projet sans ce premier mobile.
Nous sommes sans argent : qui nous en donnera?

ÉRASTE, *montrant sa lettre.*

L'amour y pourvoira.

SCÈNE XIII.

CRISPIN.

L'amour y pourvoira!
Il semble à ces messieurs, dans leur manie étrange,
Que leurs billets d'amour sont des lettres de change.

FIN DU SECOND ACTE.

ACTE TROISIÈME.

SCÈNE I.

ÉRASTE.

Je ne puis revenir de tout ce que j'entends.
Qu'une fille a d'esprit, de raison, de bon sens,
Quand l'amour une fois, s'emparant de son ame,
Lui peut communiquer son génie et sa flamme !
De mon côté, j'ai pris, ainsi que je le doi,
Tous les soins que l'amour peut attendre de moi.
Crispin est averti de tout ce qu'il faut faire.
Quelque secours d'argent nous seroit nécessaire.

SCÈNE II.

ALBERT, ÉRASTE.

ALBERT, *à part.*

Je ne puis demeurer en place un seul moment.
Je vais, je viens, je cours; tout accroît mon tourment;
Près d'elle mon esprit, comme le sien, se trouble :
Son accès de folie à chaque instant redouble.
　　(*à Éraste.*)
Ah! monsieur, suis-je assez au rang de vos amis,

Pour m'aider du secours que vous m'avez promis?
Cet homme, qui tantôt m'a vanté sa science,
Veut-il de ses secrets faire l'expérience?
En l'état où je suis je dois tout accorder;
Et, lorsque l'on perd tout, on peut tout hasarder.

ÉRASTE.

Je me fais un plaisir de rendre un bon office :
On se doit en tout temps l'un à l'autre service.
La malade aujourd'hui m'a fait trop de pitié,
Pour ne vous pas donner ces marques d'amitié.
L'homme dont il s'agit en ces lieux doit se rendre :
J'ai voulu sur le mal le sonder et l'entendre ;
Mais il m'en a parlé dans des termes si nets,
En m'en développant la cause et les effets,
Qu'en vérité je crois qu'il en sait plus qu'un autre.

ALBERT.

Quel service, monsieur, peut être égal au vôtre?
Comme le ciel envoie ici, sans y songer,
Cette honnête personne exprès pour m'obliger!

ÉRASTE.

Je ne garantis point sa science profonde.
Vous savez que ces gens, venus du bout du monde,
Pour tout genre de maux apportent des trésors :
C'est beaucoup, s'ils n'ont pas ressuscité des morts.
Mais, si l'on peut juger de tout ce qu'il peut faire
Par tout ce qu'il m'a dit, cet homme est votre affaire :
Il ne veut que la fin du jour pour tout délai.
Si vous le souhaitez, vous en ferez l'essai.

ACTE III, SCÈNE II.

D'un office d'ami simplement je m'acquitte.

ALBERT.

Je suis persuadé, monsieur, de son mérite.
Nous voyons tous les jours de ces sortes de gens
Apprendre, en voyageant, des secrets surprenants.

SCÈNE III.

LISETTE, ÉRASTE, ALBERT.

LISETTE.

Ah ciel! vous allez voir bien une autre folie.
Si cela dure encore, il faudra qu'on la lie.

SCÈNE IV.

AGATHE, *en vieille;* LISETTE, ÉRASTE, ALBERT.

AGATHE.

Bonjour, mes doux amis. Dieu vous gard', mes enfants.
Eh bien! qu'est-ce? Comment passez-vous votre temps?
Que le ciel pour long-temps la santé vous envoie,
Vous conserve gaillards, et vous maintienne en joie.
Le chagrin ne vaut rien, et ronge les esprits.
Il faut se divertir, c'est moi qui vous le dis.

ÉRASTE.

Je la trouve charmante; et, malgré sa vieillesse,

On trouveroit encor des retours de jeunesse.
AGATHE.
Oh! vous me regardez! vous êtes ébaubis
De me trouver si fraîche avec des cheveux gris.
Je me porte encor mieux que tous tant que vous êtes.
Je fais quatre repas, et je lis sans lunettes;
Je sirote mon vin, quel qu'il soit, vieux, nouveau;
Je fais rubis sur l'ongle, et n'y mets jamais d'eau :
Je vide gentiment mes deux bouteilles.
LISETTE.
Peste!
AGATHE.
Oui vraiment, du champagne encor, sans qu'il en reste.
On peut voir dans ma bouche encor toutes mes dents.
J'ai pourtant, voyez-vous, quatre-vingt-dix-huit ans,
Vienne la Saint-Martin.
LISETTE.
La jeunesse est complète.
AGATHE.
Tout autant : mais je suis encore verdelette;
Et je ne laisse pas, à l'âge où me voilà,
D'avoir des serviteurs, et qui m'en content, dà.
Mais vois-tu, mon ami! veux-tu que je te dise?
Les hommes d'aujourd'hui, c'est piètre marchandise;
Ils ne valent plus rien; et pour en ramasser,
Tiens, je ne voudrois pas seulement me baisser.
ÉRASTE, *bas, à Albert.*
De ces vapeurs souvent est-elle travaillée?

ACTE III, SCÈNE IV.

ALBERT, *bas, à Éraste.*

Hélas! jamais. Il faut qu'on l'ait ensorcelée.

AGATHE.

À mon âge, je vaux encor mon pesant d'or.
Les enfants cependant m'ont fait beaucoup de tort:
Je ne paroîtrois pas la moitié de mon âge,
Si l'on ne m'avoit mise à treize ans en ménage.
C'est tuer la jeunesse, à vous en parler franc,
Que la mettre sitôt en un péril si grand.
Je ne me souviens pas d'avoir presque été fille.
À vous dire le vrai, j'étois assez gentille.
À vingt-sept ans, j'avois déja quatorze enfants.

LISETTE.

Quelle fécondité! quatorze!

AGATHE.

Oui, tout grouillants,
Et tous garçons encor; je n'en avois point d'autres,
Et n'en voyois aucun tourné comme les nôtres.
Mais ce sont des fripons, et qui finiront mal.
Les malheureux voudroient me voir à l'hôpital.
Croiriez-vous que depuis la mort de feu leur père,
Ils m'ont jusqu'à présent chicané mon douaire?
Un douaire gagné si légitimement!

ALBERT, *à part.*

Hélas! peut-on plus loin pousser l'égarement?

LISETTE, *à part.*

La friponne, ma foi, joue, à charmer, ses rôles.

AGATHE, *à Albert.*

J'aurois très grand besoin de quelque cent pistoles;
Prêtez-les-moi, monsieur, pour subvenir aux frais,
Et pour faire juger ce malheureux procès.

ALBERT.

Tu rêves, mon enfant; mais, pour te satisfaire,
J'avancerai les frais, et j'en fais mon affaire.

AGATHE.

Si je n'ai cet argent ce jour en mon pouvoir,
Mon unique recours sera le désespoir.

ALBERT.

Mais songe, mon enfant...

AGATHE.

Vous êtes honnête homme;
Ne me refusez pas, de grace, cette somme.

ALBERT, *bas, à Éraste.*

Je veux flatter son mal.

ÉRASTE, *bas, à Albert.*

Vous ferez sagement.
Il ne faut pas de front heurter son sentiment.

LISETTE, *bas, à Albert.*

Si vous lui résistez, elle est fille peut-être
À s'aller de ce pas jeter par la fenêtre.

ALBERT, *bas.*

D'accord.

LISETTE, *bas.*

Il me souvient que vous avez tantôt

ACTE III, SCÈNE IV.

Reçu ces cent louis, ou du moins peu s'en faut :
Quel risque à ses desirs de vouloir condescendre ?

ALBERT, *bas.*

Il est vrai qu'à l'instant je pourrai lui reprendre.
(*haut, à Agathe.*)
Tiens, voilà cet argent : va, puissent au procès
Ces cent louis prêtés donner un bon succès !

AGATHE, *prenant la bourse.*

Je suis sûre à présent du gain de notre affaire ;
Mais ce secours m'étoit tout-à-fait nécessaire.
Donne à mon procureur, Lisette, cet argent :
Je crois qu'à me servir il sera diligent.

LISETTE.

Il n'y manquera pas.

ÉRASTE.

Comptez aussi, madame,
Que je veux vous servir, et de toute mon ame.

AGATHE.

Je reviens sur mes pas en habit plus décent,
Pour aller avec vous, dans ce besoin pressant,
Solliciter mon juge, et demander justice.
(*à Albert.*)
Adieu. Qu'un jour le ciel vous rende ce service !
Qu'une veuve est à plaindre, et qu'elle a de tourments
Quand elle a mis au jour de méchants garnements !

SCÈNE V.

LISETTE, ÉRASTE, ALBERT.

LISETTE, *bas, à Éraste, lui remettant la bourse.*
Voilà de quoi, monsieur, avancer votre affaire.
ÉRASTE, *bas, à Lisette.*
J'aurai soin du procès; je sais ce qu'il faut faire.
ALBERT, *à Lisette qui sort.*
Prends bien garde à l'argent.
LISETTE.
N'ayez point de chagrin;
J'en réponds corps pour corps, il est en bonne main.

SCÈNE VI.

ALBERT, ÉRASTE.

ALBERT.
Vous voyez à quel point cette folie augmente.
Votre homme ne vient point, et je m'impatiente.
ÉRASTE.
Je ne sais qui l'arrête; il devroit être ici.
Mais je le vois qui vient; n'ayez plus de souci.

SCÈNE VII.

ALBERT, ÉRASTE, CRISPIN.

ALBERT, *à Crispin.*
Eh! monsieur, venez donc. Avec impatience
Tous deux nous attendons ici votre présence.
CRISPIN.
Un savant philosophe a dit élégamment :
« Dans tout ce que tu fais hâte-toi lentement. »
J'ai depuis peu de temps pourtant bien fait des choses,
Pour savoir si le mal dont nous cherchons les causes
Réside dans la basse ou haute région :
Hippocrate dit oui, mais Gallien dit non ;
Et, pour mettre d'accord ces deux messieurs ensemble,
Je n'ai pas pour venir trop tardé, ce me semble.
ALBERT.
Vous voyez donc, monsieur, d'où procède son mal ?
CRISPIN.
Je le vois aussi net qu'à travers un cristal.
ALBERT.
Tant mieux. Vous saurez que, depuis tantôt, la belle
Sent toujours de son mal quelque crise nouvelle :
En ces lieux écartés n'ayant nuls médecins,
Monsieur m'a conseillé de la mettre en vos mains.
CRISPIN.
Sans doute elle seroit beaucoup mieux dans les siennes ;

Mais j'espère employer utilement mes peines.
ALBERT.
Vous avez donc guéri de ces maux quelquefois?
CRISPIN.
Moi? si j'en ai guéris? Ah! vraiment, je le crois.
Il entre dans mon art quelque peu de magie.
Avec trois mots qu'un Juif m'apprit en Arabie,
Je guéris une fois l'infante de Congo,
Qui vraiment avoit bien un autre vertigo.
Je laisse aux médecins exercer leur science
Sur les maux dont le corps ressent la violence :
Mais l'objet de mon art est plus noble; il guérit
Tous les maux que l'on voit s'attaquer à l'esprit.
Je voudrois qu'à-la-fois vous fussiez maniaque,
Atrabilaire, fou, même hypocondriaque,
Pour avoir le plaisir de vous rendre demain
Sage comme je suis, et de corps aussi sain.
ALBERT.
Je vous suis obligé, monsieur, d'un si grand zèle.
CRISPIN.
Sans perdre plus de temps, entrons chez cette belle.
ALBERT, *l'arrêtant.*
Non, s'il vous plaît, monsieur, il n'en est pas besoin;
Et de vous l'amener je vais prendre le soin.

SCÈNE VIII.

ÉRASTE, CRISPIN.

ÉRASTE.

Tout va bien. La fortune à nos vœux s'intéresse.
Agathe, en ton absence, avec un tour d'adresse,
A su tirer d'Albert ces cent louis comptants.

CRISPIN.

Comment donc?

ÉRASTE.

Tu sauras le tout avec le temps.
Nous avons maintenant, sans chercher davantage,
De quoi sauver Agathe, et nous mettre en voyage,
Pourvu qu'un seul moment nous puissions écarter
Ce malheureux Albert qui ne la peut quitter.
Tant qu'il suivra ses pas nous ne saurions rien faire.

CRISPIN.

Reposez-vous sur moi, je réponds de l'affaire.
Vous avez de l'esprit, je ne suis pas un sot,
Et la fausse malade entend à demi-mot.

ÉRASTE.

J'imagine un moyen des plus fous; mais qu'importe?
La piéce en vaudra mieux, plus elle sera forte.
Il faut convaincre Albert qu'avec de certains mots,
Ainsi que tu l'as dit déja fort à propos,
Tu pourrois la guérir de cette maladie,

Si quelque autre vouloit prendre la frénésie.
Je m'offrirai d'abord à tout événement.
Laisse-moi faire après le reste seulement:
Va; si de belle peur le vieillard ne trépasse,
Il faudra pour le moins qu'il nous quitte la place.

CRISPIN.

Mais comment voulez-vous qu'Agathe à ce dessein,
Sans en avoir rien su, puisse prêter la main?

ÉRASTE.

Je l'instruirai de tout, je t'en donne parole.
Mais songe seulement à bien jouer ton rôle;
Et, lorsque dans ces lieux Agathe reviendra,
Amuse le vieillard du mieux qu'il se pourra,
Pour me donner le temps d'expliquer ce mystère,
Et lui dire en deux mots ce qu'elle devra faire.
Albert ne peut tarder. Mais je le vois qui sort.

SCÈNE IX.

LISETTE, ÉRASTE, ALBERT, CRISPIN.

CRISPIN, *à part.*

Dieu conduise la barque, et la mette à bon port!

ALBERT.

Ah! messieurs, sa folie à chaque instant augmente;
Un transport martial à présent la tourmente.
De l'habit dont jadis elle couroit le bal
Elle s'est mise en homme. En cet accès fatal,

ACTE III, SCÈNE IX.

Elle a pris aussitôt un attirail de guerre,
Un bonnet de dragon, un large cimeterre.
Elle ne parle plus que de sang, de combats :
Mon argent doit servir à lever des soldats;
Elle veut m'enrôler.

SCÈNE X.

ALBERT, ÉRASTE, AGATHE, LISETTE, CRISPIN.

AGATHE, *en justaucorps, avec un bonnet de dragon.*
Morbleu, vive la guerre!
Je ne puis plus rester inutile sur terre.
(*à Éraste.*)
Mon équipage est prêt. Ah! marquis, en ce lieu
Je te trouve à propos, et viens te dire adieu.
J'ai trouvé de l'argent pour faire ma campagne;
Et cette nuit enfin je pars pour l'Allemagne.

ALBERT.
Ciel! quel égarement!

AGATHE.
Parbleu, les officiers
Sont malheureux d'avoir affaire aux usuriers :
Pour tirer de leurs mains cent mauvaises pistoles,
Il faut plus s'intriguer, et plus jouer de rôles!
Celui qui m'a prêté son argent, je le tien
Pour le plus grand coquin, le plus juif, le plus chien

Que l'on puisse trouver en affaires pareilles :
Je voudrois que quelqu'un m'apportât ses oreilles.
Enfin me voilà près d'aller servir le roi ;
Il ne tiendra qu'à toi de partir avec moi.
ÉRASTE.
Par-tout où vous irez je suis de la partie.
(*bas, à Albert.*)
Il faut avec prudence entrer dans sa manie.
AGATHE.
Je quitte avec plaisir l'étendard de l'Amour.
Je puis sous ses drapeaux aller loin quelque jour.
J'ai mille qualités, de l'esprit, des manières ;
Je sais l'art de réduire aisément les plus fières.
Mais quoi ! que voulez-vous ? je ne suis point leur fait ;
Le beau sexe sur moi ne fit jamais d'effet.
La gloire est mon penchant ; cette gloire inhumaine
À son char éclatant en esclave m'enchaîne.
Ce pauvre sexe meurt et d'amour et d'ennui,
Sans que je sois tenté de rien faire pour lui.
Plus de délais ; je cours où la gloire m'appelle.
(*à Crispin.*)
Amène mes chevaux. L'occasion est belle ;
Partons, courons, volons.
(*Eraste parle bas à Agathe.*)
CRISPIN, *à Albert.*
Je ne la quitte pas,
Et suis prêt à la suivre au milieu des combats.
(*Albert surprend Éraste parlant bas à Agathe.*)

ACTE III, SCÈNE X.

ÉRASTE, à *Albert*.

J'examinois ses yeux. À ce qu'on peut comprendre,
Quelque accès violent sans doute va la prendre,
Lequel sera suivi d'un assoupissement.
Ordonnez qu'on apporte un fauteuil vitement.

AGATHE.

Qu'il me tarde déja d'être au champ de la gloire,
D'aller aux ennemis arracher la victoire!
Que de veuves en deuil! Que d'amantes en pleurs!
Enfants, suivez-moi tous; ranimez vos ardeurs:
Je vois dans vos regards briller votre courage.
Que tout ressente ici l'horreur et le carnage.
La baïonnette au bout du fusil. Ferme; bon;
Frappez. Serrez vos rangs; percez cet escadron.
Les coquins n'oseroient soutenir votre vue.
Ah! marauds, vous fuyez! Non, point de quartier; tue.

(*Elle tombe comme évanouie dans un fauteuil.*)

CRISPIN.

En peu de temps voilà bien du sang répandu.

ALBERT.

Sans espoir de retour elle a l'esprit perdu.

CRISPIN.

Tout se prépare bien; je la vois qui repose.

(*Il parle à l'écart à Albert, tandis qu'Éraste parle
bas à Agathe.*)

Son mal, à mon avis, ne provient d'autre chose
Que d'une humeur contrainte, un esprit irrité,
Qui veut avec effort se mettre en liberté.

Quelque démon d'amour a saisi son idée.
LISETTE.
Comment! la pauvre fille est-elle possédée?
CRISPIN.
Ce démon violent, dont il faut la sauver,
Est bien fort, et pourroit dans peu nous l'enlever.
Si j'avois un sujet, dans cette maladie,
En qui je fisse entrer cet esprit de folie,
Je vous répondrois bien...
ALBERT.
Lisette est un sujet
Qui, sans aller plus loin, vous servira d'objet.
LISETTE.
Je vous baise les mains, et vous donne parole
Que je n'en ferai rien : je ne suis que trop folle.
ÉRASTE, *à Crispin.*
Hâtez-vous donc : son mal augmente à chaque instant.
CRISPIN.
Malepeste! ceci n'est pas un jeu d'enfant.
On ne sauroit agir avec trop de prudence.
Quand dans le corps d'un homme un démon prend séance,
Je puis, sans me flatter, l'en tirer aisément;
Mais dans un corps femelle il tient bien autrement.
ÉRASTE, *à Albert.*
Pour savoir aujourd'hui jusqu'où va sa science
Je veux bien me livrer à son expérience.
Je commence à douter de l'effet; et je croi
Qu'il s'est voulu moquer et de vous et de moi.

ACTE III, SCÈNE X.

Je veux l'embarrasser.

CRISPIN.

Moi, je veux vous confondre,
Et vous mettre en état de ne pouvoir répondre.
Mettez-vous auprès d'elle. Eh! non; comme cela,
Un genou contre terre, et vous tenez bien là,
Toujours sur ses beaux yeux votre vue assurée,
Votre main dans la sienne étroitement serrée.

(*à Albert.*)

Ne consentez-vous pas qu'il lui donne la main,
Pour que l'attraction se fasse plus soudain?

ALBERT.

Oui, je consens à tout.

CRISPIN.

Tant mieux. Sans plus attendre
Vous verrez un effet qui pourra vous surprendre.

(*Il fait quelques cercles avec sa baguette sur les deux amants, en disant :*)

MICROC, SALAM, HYPOCRATA.

AGATHE, *se levant de son fauteuil.*

Ciel! quel nuage épais se dissipe à mes yeux!

ÉRASTE, *se levant.*

Quelle sombre vapeur vient obscurcir ces lieux!

AGATHE.

Quel calme en mon esprit vient succéder au trouble!

ÉRASTE.

Quel tumulte confus dans mes sens se redouble!
Quels abymes profonds s'entr'ouvrent sous mes pas!

Quel dragon me poursuit ! Ah ! traître, tu mourras !
D'un monstre tel que toi je veux purger le monde.
(*Il poursuit Albert l'épée à la main.*)

CRISPIN, *se mettant au-devant d'Éraste, à Albert.*

Ah ! monsieur, évitez sa rage furibonde ;
Sauvez-vous, sauvez-vous.

ÉRASTE.

Laissez-moi de son flanc
Tirer des flots mêlés de poison et de sang.

CRISPIN, *retenant Éraste.*

Aux accès violents dont son cœur se transporte
Je vois que j'ai donné la dose un peu trop forte.

ÉRASTE.

Je le veux immoler à ma juste fureur.

CRISPIN, *de même.*

N'auriez-vous point chez vous quelque forte liqueur,
De bon esprit de vin, des gouttes d'Angleterre,
Pour calmer cet esprit, et ces vapeurs de guerre ?
Il s'en va m'échapper.

ALBERT, *tirant sa clef.*

Oui, j'ai ce qu'il lui faut.
Lisette, tiens ma clef ; va, cours vite là-haut ;
Prends la fiole où...

LISETTE.

Je crains, en ce désordre extrême,
De faire un *quiproquo ;* vous feriez mieux vous-même.

CRISPIN, *de même.*

Courez donc au plutôt. Laisserez-vous périr

Un homme qui pour vous s'est offert à mourir?
LISETTE, *poussant Albert.*
Allez vite; allez donc.
ALBERT, *sortant.*
Je reviens tout-à-l'heure.

SCÈNE XI.

ÉRASTE, AGATHE, LISETTE, CRISPIN.

ÉRASTE.

Ne perdons point de temps, quittons cette demeure.
Ce bois nous favorise; Albert ne saura pas
De quel côté l'amour aura tourné nos pas.

AGATHE.

Je mets entre vos mains et mon sort et ma vie.

LISETTE.

Vive, vive Crispin! et *vivat* la folie!
Allons courir les champs, pour remplir notre sort;
Et le laissons tout seul exhaler son transport.

SCÈNE XII.

ALBERT, *tenant une fiole.*
J'apporte un élixir d'une force étonnante...
Mais je ne vois plus rien. Quel soupçon m'épouvante!
Lisette! Agathe! O ciel! tout est sourd à mes cris.
Que sont-ils devenus? Quel chemin ont-ils pris?

Au voleur! à la force! au secours! Je succombe.
Où marcher? où courir? Je chancelle; je tombe.
Par leur feinte folie ils m'ont enfin séduit;
Et moi seul en ce jour j'avois perdu l'esprit!
Voilà de mon amour la suite ridicule.
Ah! maudite bouteille! et vieillard trop crédule!
Allons, suivons leurs pas; ne nous arrêtons plus.
Traîtres de ravisseurs, vous serez tous pendus.
Et toi, sexe trompeur, plus à craindre sur terre
Que le feu, que la faim, que la peste et la guerre,
De tous les gens de bien tu dois être maudit:
Je te rends pour jamais au diable qui te fit.

FIN DES FOLIES AMOUREUSES.

LE MARIAGE
DE LA FOLIE,

DIVERTISSEMENT

POUR
LA COMÉDIE DES FOLIES AMOUREUSES.

ACTEURS.

CLITANDRE, ami d'Éraste.
ÉRASTE, amant d'Agathe.
AGATHE, amante d'Éraste.
ALBERT, jaloux, et tuteur d'Agathe.
LISETTE, servante de M. Albert.
CRISPIN, valet d'Éraste.
MOMUS.
LA FOLIE.
LE CARNAVAL.
Troupe de gens masqués.
Une pagode.

LE MARIAGE
DE LA FOLIE,
DIVERTISSEMENT.

SCÈNE I.

CLITANDRE, ÉRASTE.

CLITANDRE.

Tu ne pouvois, ami, faire un plus digne choix.
Cette jeune beauté ravit, enléve, enchante:
Aux yeux de tout le monde elle est toute charmante;
Et je te trouve heureux de vivre sous ses lois.

ÉRASTE.

Je le suis d'autant plus, que, selon mon attente,
Je retrouve toujours le même cœur en toi,
Un ami généreux, une ame bienfaisante,
Qui prend à mon bonheur la même part que moi;
  Et l'accueil qu'ici je reçoi
  Est une faveur éclatante
  Que je ressens comme je doi.

CLITANDRE.

  Point de compliment, je te prie:
  Nous sommes amis de long-temps;

Bannissons la cérémonie.
Je suis ravi de t'avoir dans un temps
Où se trouve chez moi si bonne compagnie.
Attendant que tes feux soient tout-à-fait contents,
Pendant que votre hymen s'apprête,
À vous désennuyer nous travaillerons tous ;
Et nous honorerons la fête
Des amusements les plus doux.

ÉRASTE.

Tout respire chez toi la joie et l'alégresse ;
Y peut-on manquer de plaisirs ?
A-t-on même le temps de former des desirs ?
De tous les environs la brillante jeunesse
À te faire la cour donne tous ses loisirs.
Tu la reçois avec noblesse ;
Grand'chère, vin délicieux,
Belle maison, liberté tout entière,
Bals, concerts, enfin tout ce qui peut satisfaire
Le goût, les oreilles, les yeux.
Ici le moindre domestique
A du talent pour la musique.
Chacun d'un soin officieux
À ce qui peut plaire s'applique.
Les hôtes même, en entrant au château,
Semblent du maître épouser le génie.
Toujours société choisie ;
Et, ce qui me paroît surprenant et nouveau,
Grand monde et bonne compagnie.

SCÈNE I.

CLITANDRE.

Pour être heureux, je l'avouerai,
Je me suis fait une façon de vie
À qui les souverains pourroient porter envie;
Et, tant qu'il se pourra, je la continuerai.
Selon mes revenus je règle ma dépense;
  Et je ne vivrois pas content,
  Si toujours en argent comptant
 Je n'en avois au moins deux ans d'avance.
  Les dames, le jeu, ni le vin,
  Ne m'arrachent point à moi-même;
Et cependant je bois, je joue et j'aime.
Faire tout ce qu'on veut, vivre exempt de chagrin,
Ne se rien refuser, voilà tout mon système;
Et de mes jours ainsi j'attraperai la fin.

ÉRASTE.

Sur ce pied-là ton bonheur est extrême.
Heureux qui peut jouir d'un semblable destin!

CLITANDRE.

J'en suis content.

SCÈNE II.

CLITANDRE, ÉRASTE; CRISPIN,
en habit de médecin.

CLITANDRE.

  Mais que nous veut Crispin?
Comme le voilà fait!

LE MARIAGE DE LA FOLIE.

ÉRASTE, *à Crispin.*

Que veux-tu? qui t'amène?

Es-tu fou?

CRISPIN.

Non, monsieur; mais je suis hors d'haleine,
Je n'en puis plus.

ÉRASTE.

Eh bien?

CRISPIN.

Voici bien du fracas.

CLITANDRE.

Comment?

CRISPIN.

Dans ce château l'on a suivi nos pas.

ÉRASTE.

Ah ciel!

CLITANDRE, *à Éraste.*

Ne craignez rien.

CRISPIN.

Après la belle Hélène
Tant de monde ne courut pas.

ÉRASTE.

Traître! de quoi ris-tu? dis.

CRISPIN.

De votre embarras.

ÉRASTE.

Prends-tu quelque plaisir à me tenir en peine?
Qui nous a suivis? parle. Est-ce notre jaloux?

SCÈNE II.

CRISPIN.

Non pas, monsieur; ce sont des folles et des fous:
Aux environs d'ici la campagne en est pleine;
  En grande bande ils viennent tous;
  Et Momus, qui vous les amène,
A fait de ce château le lieu du rendez-vous.

ÉRASTE.

Mais toi-même es-tu fou? dis-le-moi, je te prie.
Quel habit as-tu là? Que viens-tu nous conter?

CRISPIN.

Non, par ma foi, monsieur, ce n'est point rêverie;
  Le Carnaval, Momus, et la Folie,
Viennent avec leur suite ici vous visiter;
Et j'ai cru devant eux devoir me présenter
  En habit de cérémonie.
Suis-je bien?

CLITANDRE, *à Éraste.*

  C'est sans doute une galanterie
  Que quelqu'un de la compagnie,
Pour nous divertir mieux, a pris soin d'inventer.
Chacun selon son goût chaque jour en fait naître.
  Allons voir ce que ce peut être.

CRISPIN.

 C'est la Folie en propre original,
Vous dit-on; de mes yeux moi-même je l'ai vue:
Nous l'avons rencontrée au bout de l'avenue,
Riant, dansant, chantant, avec le Carnaval,
Avec Momus, tous trois suivis d'une cohue.

Oh! vous allez chez vous avoir un joli bal.

CLITANDRE.

C'est justement ce que je pense.

CRISPIN.

On sent déja l'effet de sa puissance.
Je ne vous dirai point ni comment ni par où;
Mais je sais bien qu'à sa seule présence
Dans le château tout est devenu fou.

ÉRASTE.

Oh! pour toi, je vois bien que tu n'es pas trop sage.

SCÈNE III.

LISETTE, ÉRASTE, CLITANDRE, CRISPIN.

CRISPIN.

Lisette, que voilà, ne l'est pas davantage.

ÉRASTE, *à Lisette*.

Qu'est-ce que tout ceci?

LISETTE.

Me le demandez-vous?
Que pourroit-ce être que la suite
De ce que la Folie a déja fait pour nous?
Par elle ma maîtresse évite
L'hymen et les fers d'un jaloux.
Elle a trouvé tant d'art, tant de mérite,
Dans cette heureuse invention
Qui facilita notre fuite,

SCÈNE III.

Que c'est par admiration
Qu'elle vient vous rendre visite
Avec un cortége de fous
Les plus divertissants de tous.
À la bien recevoir, messieurs, on vous invite.
Jusqu'au jour de votre union,
Ma maîtresse consent d'être sa favorite :
Mais ce n'est qu'à condition
Que, l'hymen fait, elle vous quitte.

ÉRASTE.

Elle peut demeurer autant qu'il lui plaira :
Je n'ai de son pouvoir aucune défiance ;
Et je prévois que sa présence,
En nous divertissant, même nous servira.

CRISPIN.

Avec Momus la voici qui s'avance.
Joie, honneur, salut et silence.
(*Marche fort courte pour Momus et la Folie.*)

SCÈNE IV.

MOMUS, LE CARNAVAL, LA FOLIE, AGATHE, ÉRASTE, CLITANDRE, LISETTE, CRISPIN.

MOMUS.

Cette foule qui suit nos pas
Est moins folle qu'elle ne semble.

LE MARIAGE DE LA FOLIE.

Les plus fous des mortels ne sont pas
Ceux que le plaisir rassemble.

LA FOLIE *chante.*

De ces agréables demeures
Le galant seigneur veut-il bien
Nous recevoir chez lui pour quelques heures,
Pour quelques jours, s'il est moyen,
(*Elle parle.*)
Avec entière garantie
De n'occuper que son château,
Et de ne remplir le cerveau
Que de quelque heureuse manie?
(*Elle chante.*)
Je le promets, foi de Folie.

CLITANDRE.

Disposez de ces lieux au gré de votre envie.
Vous m'offrez un parti qui me paroît trop beau;
Avec plaisir je l'accepte; et vous êtes
La maîtresse chez moi. Madame, ordonnez, faites
Tout ce que vous voudrez; ce qui vous conviendra
Nous servira de lois; on vous obéira.

LA FOLIE.

Sur ce pied-là je puis vous dire
Que j'y viendrai tenir tous les ans désormais
Les états de mon vaste empire.
J'y viendrai, je vous le promets.
Pour aujourd'hui, j'amène ici l'élite
De mes plus fidèles sujets,

SCÈNE IV.

De qui la troupe favorite
De mes noces fait les apprêts.

CLITANDRE.

De son mieux chacun s'en acquitte.

LA FOLIE.

Allons, mon fiancé, monsieur du Carnaval,
Un petit air, en attendant le bal.

LE CARNAVAL *chante*.

Tandis que pour quelque temps
L'hiver interrompt la guerre,
Et que jusqu'au printemps
Mars a quitté son tonnerre,
Je viens avec vous sur la terre
Partager ces heureux instants.
Venez, enfants de la gloire,
Vous ranger sous mes drapeaux :
Après des chants de victoire,
Qui couronnent vos travaux,
Chantez des chansons à boire.
Évitez les trompeurs appas,
Dont l'amour voudra vous surprendre ;
Fuyez, et ne l'écoutez pas :
Gardez-vous d'avoir un cœur trop tendre.

(*On danse.*)

MOMUS.

C'est se trémousser hardiment ;
Et voilà des folles fringantes
Qui pourroient mettre en mouvement

Les cervelles les plus pesantes;
Témoin monsieur du Carnaval.
Voyez de quoi cet animal s'avise
De se charger de telle marchandise.
Baste, l'hymen est sûr, il s'en trouvera mal.

LA FOLIE.

L'hymen est sûr? Pas tout-à-fait, je pense.

LE CARNAVAL, *à la Folie.*

Comment donc?

LA FOLIE, *au Carnaval.*

Rien n'est moins certain.

MOMUS.

Ah! ah!

LA FOLIE.

Pour aujourd'hui j'y vois quelque apparence,
Mais je ne le voudrai peut-être pas demain.

(*Elle chante.*)

La, la, la.

MOMUS, *à la Folie.*

Tu n'as pas résolu de lui donner la main?

LA FOLIE.

Oui-dà, très volontiers; qu'il la prenne en cadence.

(*Elle chante.*)

La, la, la.

MOMUS.

Vous avez du goût pour la danse.
Oh bien! je vais danser aussi par complaisance.
Nous verrons qui s'en lassera.

SCÈNE IV.

Allons, gai, quelque contredanse.
(*Il danse.*)
MOMUS, *après avoir dansé.*
Ma foi, je n'en puis plus.
LA FOLIE, *au Carnaval.*
À toi, mon gros bedon :
Viens.
LE CARNAVAL.
Je ne danse point.
LA FOLIE.
Un petit rigaudon ;
Je t'en aimerai mieux.
LE CARNAVAL.
Non, je n'en veux rien faire.
LA FOLIE.
Oui ! vous le prenez sur ce ton !
Il vous sied bien d'être en colère !
Fi ! le vilain, le triste Carnaval !
Je serois bien lottie avec cet animal !
Est-ce donc en grondant que tu prétends me plaire ?
Va, je renonce à l'union ;
Et j'ai mauvaise opinion
D'un Carnaval atrabilaire.
LE CARNAVAL.
Je ne le suis que par réflexion.
LA FOLIE.
Eh ! quand on se marie, est-ce qu'il en faut faire ?

LE CARNAVAL.

Jeune, folle, et d'humeur légère,
Avec esprit de contradiction,
Ma divine moitié, soit dit sans vous déplaire,
Vous me semblez un peu sujette à caution.

LA FOLIE.

D'accord. Rien n'est conclu; veux-tu rompre la paille?
Ce n'est point un affront pour moi que tes refus.
Je m'en moque; voilà Momus
Qui, tout dieu qu'il est...

MOMUS.

Tout coup vaille.
Je suis toujours prêt d'épouser;
Et j'enrage en effet de voir que la Folie,
Trop facile à s'humaniser,
S'encanaille et se mésallie,
Et qu'un simple mortel prétende en abuser
Jusqu'au point de la mépriser.
Monsieur du Carnaval...

LE CARNAVAL.

Chacun sait son affaire,
Monsieur Momus. Personne, que je croi,
Dans tout pays n'est instruit mieux que moi
Des bons tours qu'aux maris les femmes savent faire;
Et le temps où je règne est celui d'ordinaire
Le plus propre à couvrir un manquement de foi.
Depuis que je suis dans l'emploi,
J'ai vu l'hymen traité de gaillarde manière :

SCÈNE IV.

Et ce que tous les jours je voi,
Seigneur Momus, fait que je désespère
D'être exempté de la commune loi.

MOMUS.

Pauvre sot! Pourquoi donc songer au mariage?

LE CARNAVAL.

Je suis amoureux à la rage,
Et ne puis être heureux sans devenir mari.

MOMUS.

Épouse donc sans tarder davantage;
Et de l'amour bientôt tu te verras guéri.

LE CARNAVAL.

Eh bien! soit, ferme, allons, courage;
Je veux bien n'en pas appeler;
Et je suis trop en train pour pouvoir reculer.

LA FOLIE.

Ah! çà, petit mari, lorsque de jalousie
Je te verrai l'ame saisie,
Je saurai bien t'en garantir.
Elle ne se nourrit que dans l'incertitude;
Et moi, qui ne sais pas mentir,
Si je fais par hasard quelque douce habitude,
Pour te tirer d'inquiétude,
J'aurai soin de t'en avertir.

LE CARNAVAL.

Grand merci.

MOMUS.

Rien n'est plus honnête.

LA FOLIE.

Je suis franche.

LE CARNAVAL.

Achevons la fête,
Au hasard de m'en repentir.
Je sais le monde, et ne suis pas si bête
Que, lorsqu'il me viendra quelque chagrin en tête,
Je ne trouve aisément de quoi le divertir.
Allons, pour plaire à la Folie,
Que chacun avec moi s'allie.

LA FOLIE.

Il va se mettre en train. Ah! le joli garçon!

LE CARNAVAL.

M'aimeras-tu?

LA FOLIE.

C'est selon la chanson.

LE CARNAVAL *chante.*

L'Hymen en ma faveur allume son flambeau.
Je suis charmé de ma conquête.
Amour, viens honorer la fête,
Et couronner un feu si beau.

MOMUS *chante au Carnaval.*

L'Hymen en ce beau jour t'apprête
Une couronne de sa main :
Tu t'en repentiras peut-être dès demain.
Souvent, quoique l'Amour soit prié de la fête,
Il ne l'est pas du lendemain.

SCÈNE IV.

LE CARNAVAL *chante*.

Si l'Amour volage s'envole,
Et veut me quitter sans retour,
Viens, Bacchus; c'est toi qui console
De l'inconstance de l'Amour.

MOMUS.

La chanson est jolie.

LA FOLIE.

Oui, j'en suis fort contente :
Il me plaît assez quand il chante;
Et, s'il ne s'étoit pas présenté pour mari,
J'en aurois fait peut-être un favori :
La musique me prend, j'ai du foible pour elle.

MOMUS.

On vous la donne telle quelle,
Sans y chercher trop de façon.
Allons, à votre tour; prenez bien votre ton.

ENTRÉE.

LA FOLIE *chante*.

Mortels, que le sort le plus doux
Sous mon vaste empire a fait naître,
Quelle fortune est-ce pour vous
Quand vous savez bien la connoître?
Les plus heureux sont les plus fous :
Gardez-vous de cesser de l'être.

ENTRÉE.

(*Danse en dialogue entre Momus et la Folie.*)

LA FOLIE.

Momus?

MOMUS.

Plaît-il?

LA FOLIE.

Tu m'as aimée?

MOMUS.

Un peu.

LA FOLIE.

Beaucoup.

MOMUS.

Trop tendrement.

LA FOLIE.

De toi j'avois l'ame charmée.

MOMUS.

Pourquoi donc prendre un autre amant?

LA FOLIE.

J'ai dû changer.

MOMUS.

Et pourquoi, je te prie?

LA FOLIE.

Pour te faire enrager.

MOMUS.

L'excuse en est jolie!

SCÈNE IV.

LA FOLIE.

Volage !

MOMUS.

Ingrate !

LA FOLIE.

Ah ! ah !

MOMUS.

Tu ris de mon tourment ?

LA FOLIE.

Bon ! si j'en usois autrement,
Je ne serois pas la Folie.

MOMUS.

S'il est des fous heureux, ils ne le sont pas tous :
Et vous allez en voir un d'une espéce
Autant à plaindre...

LA FOLIE.

Qui seroit-ce ?

MOMUS.

Monsieur Albert.

ÉRASTE.

Ah ciel !

AGATHE.

C'est mon jaloux.

MOMUS.

Justement : un vieux fou, qui cherche sa maîtresse ;
Et cette maîtresse, c'est vous.

LA FOLIE.

Qu'il entre, je veux bien l'entendre.

AGATHE.

Eh quoi! madame, au lieu de le faire chasser...

ÉRASTE, *à la Folie.*

Je vous conjure, au nom de l'amour le plus tendre...

LA FOLIE, *à Éraste.*

Vous l'avez prise, il faut la rendre,
Mon pauvre ami.

ÉRASTE.

Rien ne m'y peut forcer.

LA FOLIE.

L'un des deux doit y renoncer;
Et le plus fou des deux de moi doit tout attendre.

ÉRASTE.

Je suis perdu, ciel!

LA FOLIE.

Non : vous y devez prétendre
Plus que vous ne pouvez penser.
Je me déclare en ceci votre amie;
Et c'est être plus fou qu'un autre assurément
De prendre sérieusement
Ce qu'en riant dit la Folie.

ÉRASTE.

Madame...

AGATHE.

Vous cherchiez à nous embarrasser.

LISETTE.

La chose n'étoit pas trop facile à comprendre.
Voici le loup-garou.

SCÈNE V.

ALBERT, AGATHE, LISETTE, MOMUS, LE CARNAVAL, LA FOLIE, CLITANDRE, ÉRASTE, CRISPIN.

ALBERT, *à Momus.*
Je crains de me méprendre.
À qui, monsieur, me faut-il adresser?
MOMUS.
Vous voyez votre souveraine.
LA FOLIE.
Ah! le plaisant magot! Que veux-tu? Qui t'amène?
ALBERT.
Une ingrate que j'aime, et qu'un godelureau
Est venu m'enlever jusque chez moi, madame.
On m'a dit qu'elle étoit ici, je la réclame.
Je la vois; permettez...
AGATHE, *à Albert.*
Tout beau, monsieur, tout beau!
Dans vos prétentions quel droit vous autorise?
LISETTE.
Voyons.
ALBERT.
Entre mes mains vos parents vous ont mise.
AGATHE.
Ils ont fait un beau coup, vraiment!

Mais, pour réparer leur sottise,
La Folie et l'Amour ont fait adroitement
Réussir l'heureuse entreprise
Qui m'a rendue à mon premier amant.
Il m'a conduite en ce lieu de franchise,
Où sans crainte on peut dire vrai:
Je l'aime autant que je vous hai.

ALBERT.

Je le vois bien.

LA FOLIE, à *Agathe.*

Ma favorite,
C'est parler net et clairement;
Et je suis dans l'étonnement
D'avoir une fille à ma suite
Qui s'explique si sensément.
(*à Albert.*)
Sais-tu, mon bon ami, quel parti tu dois prendre?

ALBERT.

Parlez; de vos conseils je me fais une loi.

LA FOLIE.

Ou te consoler, ou te pendre.

ALBERT.

Me consoler!

LA FOLIE.

Je parle contre moi.
D'extravagant je veux te rendre sage.
Te consoler est le meilleur pour toi:
Te pendre nous plaît davantage.

SCÈNE V.

ALBERT.

Mais pour me consoler que faut-il faire?

LE CARNAVAL.

Boi.

(*Le Carnaval chante à Albert.*)
Infortuné, veux-tu m'en croire?
Renonce aux plaisirs amoureux:
Prends le parti de boire;
Laisse là l'hymen et ses feux.
La jeunesse a seule en partage
L'amour et les tendres desirs;
Mais tu peux encore à ton âge
Suivre Bacchus et ses plaisirs.

ALBERT.

Parbleu, j'y veux passer le reste de ma vie,
Sans être amoureux ni jaloux.
(*à la Folie.*)
Madame, je vous remercie.

LA FOLIE, *à Éraste.*

Monsieur, de mon aveu vous serez son époux.

ALBERT.

Le bon vin désormais sera seul mon envie;
Il faut que ce soit lui qui nous réconcilie:
Je brûle d'en boire avec vous.
Dure éternellement ma nouvelle folie!

CHANSON *en branle.*

Tous les mortels nous font hommage,
Les plus sages et les plus fous;
En tous lieux, tout temps et tout âge,
Aucun d'eux n'échappe à nos coups.
Lorsque l'on change dans la vie
De goût, d'humeur ou de façon,
Est-ce devenir sage? non;
Ce n'est que changer de folie.

Damon, jeune, avoit la manie
De vouloir mourir vieux garçon :
À trente ans, il passoit sa vie
Plus retiré qu'un vieux barbon;
Puis à soixante il se marie,
Et devient courtisan, dit-on.
Est-ce devenir sage? non;
Ce n'est que changer de folie.

Un amant, las d'une cruelle
Dont il essuya les refus,
Dompte l'amour qu'il a pour elle,
Et se donne tout à Bacchus.
Dans les flots du vin il oublie
L'amour qui troubla sa raison.
Est-ce devenir sage? non;
Ce n'est que changer de folie.

SCÈNE V.

Un blondin à leste équipage,
Grand adorateur de Vénus,
Dissipe d'un gros héritage
Le fonds avec les revenus;
Puis à vieille riche il s'allie,
Afin de se remettre en fond.
Est-ce devenir sage? non;
Ce n'est que changer de folie.

Chacun où son plaisir l'appelle
Se porte dans le Carnaval,
Soit au jeu, soit près d'une belle,
L'un au cabaret, l'autre au bal.
Vous venez à la comédie,
Quand un opéra n'est pas bon.
Est-ce devenir sage? non;
Ce n'est que changer de folie.

FIN DU MARIAGE DE LA FOLIE.

LES MÉNECHMES,

OU

LES JUMEAUX,

COMÉDIE

EN CINQ ACTES, ET EN VERS,
PRÉCÉDÉE D'UN PROLOGUE EN VERS LIBRES;

Représentée, pour la première fois,
le vendredi 4 décembre 1705.

ÉPITRE A M. DESPRÉAUX.

Favori des neuf Sœurs, qui, sur le mont Parnasse,
De l'aveu d'Apollon, marches si près d'Horace;
O toi qui, comme lui, maître en l'art des bons vers,
As joui de ton nom, et mis l'Envie aux fers;
Et qui, par un destin aussi noble que juste,
Trouves pour bienfaiteur un prince tel qu'Auguste,
Ouvre une main facile; accepte avec plaisir
Un poëme imparfait, enfant de mon loisir.
De tes traits éclatants admirateur fidéle,
Ton style de tout temps m'a servi de modéle;
Et, si quelque bon vers par ma veine est produit,
De tes doctes leçons ce n'est que l'heureux fruit.
Toi-même as bien voulu, sensible à mes prières,
Sur cet ouvrage offert me prêter des lumières.
Ton applaudissement, que rien n'a suspendu,
De celui du public m'a toujours répondu.
Qui peut mieux en effet, dans le siécle où nous sommes,
Aux régles du bon goût assujettir les hommes?
Qui connoît mieux que toi le cœur et ses travers?
Le bon sens est toujours à son aise en tes vers;
Et, sous un art heureux découvrant la nature,
La vérité par-tout y brille toute pure.
Mais qui peut comme toi prendre un si noble essor,
Et de tous les métaux tirer des veines d'or?

ÉPITRE À M. DESPRÉAUX.

Que d'auteurs, en suivant Despréaux et Pindare,
Se sont fait un destin commun avec Icare!
De tous ces beaux lauriers, qu'ils ont cherchés en vain,
Je ne veux qu'une feuille offerte de ta main :
Si je l'ai méritée, et que tu me la donnes,
Ce présent sur mon front vaudra mille couronnes;
Et, pour disciple enfin si tu veux m'avouer,
C'est par cet endroit seul qu'on pourra me louer.

REGNARD.

ACTEURS DU PROLOGUE.

APOLLON.
MERCURE.
PLAUTE.

La scène est sur le Parnasse.

PROLOGUE.

Le théâtre représente le Parnasse.

SCÈNE I.

APOLLON, MERCURE.

MERCURE.
Honneur au seigneur Apollon.
APOLLON.
Ah! dieu vous gard', seigneur Mercure.
Par quelle agréable aventure
Vous voit-on au sacré vallon?
MERCURE.
Vous savez, grand dieu du Parnasse,
Que je ne me tiens guère en place.
J'ai tant de différents emplois
Du couchant jusqu'aux lieux où l'aurore étincelle,
Que ce n'est pas chose nouvelle
De me rencontrer quelquefois.
APOLLON.
Vous êtes le bras droit du grand dieu du tonnerre;
Votre peine est utile aux hommes comme aux dieux;
Et c'est par vos soins que la terre
Entretient quelquefois commerce avec les cieux.

PROLOGUE.

MERCURE.

Ce travail me lasse et m'ennuie,
Lorsque je vois tant de dieux fainéants
Qui ne songent là-haut qu'à respirer l'encens,
Et qu'à se gorger d'ambroisie.

APOLLON.

Vous vous plaignez à tort d'un trop pénible emploi.
S'il vous falloit donc, comme moi,
Éclairer la machine ronde,
Rendre la nature féconde,
Mener quatre chevaux quinteux,
Risquer de tomber avec eux
Et de faire un bûcher du monde;
Dans ce métier pénible et dangereux
Vous auriez sujet de vous plaindre.
Depuis que l'univers est sorti du chaos
Ai-je encor trouvé, moi, quelque jour de repos?
Quoi qu'il en soit, parlons sans feindre;
À vous servir je serai diligent.
Le seigneur Jupiter, dont vous êtes l'agent,
Honnête ou non, c'est dont fort peu je m'embarrasse,
Pour goûter des plaisirs nouveaux,
À quelque nymphe du Parnasse
Voudroit-il en dire deux mots?

MERCURE.

Vos Muses, ailleurs destinées,
Sont pour lui par trop surannées:
Depuis trois ou quatre mille ans,

SCÈNE I.

Tous vos faiseurs de vers, mal avec la fortune,
>En ont tous épousé quelqu'une.

Il faut à Jupiter des morceaux plus friands.
La qualité n'est pas ce qui plus l'inquiète;
>Une bergère, une grisette
>Lui fait souvent courir les champs.

APOLLON.

Que dit à cela son épouse?

MERCURE.

Elle suit les transports de son humeur jalouse;
Mais le bon Jupiter ne s'en étonne pas:
>Et là-haut c'est comme ici-bas;

Quand un époux a fait quelque intrigue nouvelle,
La femme a beau crier, le mari va son train.
Quand la dame, en revanche, a formé le dessein
De se dédommager d'un époux infidèle,
>Et qu'un galant se rend patron
>De la femme et de la maison;

L'époux a beau gronder, faire le ridicule,
>Il faut qu'il en passe par-là,
>Et qu'il avale la pilule,
>Ainsi que Vulcain l'avala.

APOLLON.

Quelle est donc la raison nouvelle
Qui près d'Apollon vous appelle?

MERCURE.

Je vais vous le dire; écoutez.
Vous savez qu'au ciel et sur terre

PROLOGUE.

On me donne cent qualités.
Je suis l'agent du dieu qui lance le tonnerre :
Je conduis les morts aux enfers :
Mon pouvoir s'étend sur les mers :
Je suis le dieu de l'éloquence :
Ma planète préside aux fous,
Aux marchands ainsi qu'aux filous ;
Fort petite est la différence :
Je donne aux chimistes la loi :
Des pâles médecins la cohorte assassine
M'appelle, suivant mon emploi,
Le furet de la médecine.
Heureux qui se passe de moi !

APOLLON.

Entre tant de métiers mis dans votre apanage,
Qui pourroient fatiguer quatre dieux comme vous,
C'est celui de porter, je crois, les billets doux
Qui vous occupe davantage.

MERCURE.

Mon crédit est tombé ; je suis de bonne foi.
Chacun, depuis un temps, de ce métier se pique ;
Et tant d'honnêtes gens exercent mon emploi,
Que je leur laisse ma pratique ;
Ils y sont presque tous aussi savants que moi.

APOLLON.

Vous avez trop de modestie.
Mais venons donc au fait dont il est question.

SCÈNE I.

MERCURE.

Les spectacles, la comédie,
Me donnent à Paris quelque occupation;
Je les ai pris sous ma protection.
Pour célébrer une fête publique,
J'aurois aujourd'hui grand besoin
D'avoir quelque piéce comique
Qui fût marquée à votre coin.

APOLLON.

Eh quoi! sans vous donner la peine
De venir ici de si loin,
N'est-il point là d'auteurs, amoureux de la scène,
Qui du théâtre encor puissent prendre le soin?

MERCURE.

Depuis qu'un peu trop tôt la Parque meurtrière
Enleva le fameux Molière,
Le censeur de son temps, l'amour des beaux esprits,
La comédie en pleurs et la scène déserte
Ont perdu presque tout leur prix.
Depuis cette cruelle perte,
Les plaisirs, les jeux et les ris
Avec ce rare auteur sont presque ensevelis.

APOLLON.

Il faut réparer le dommage
Que le destin a fait au théâtre françois,
Et tirer du tombeau quelque grand personnage
Pour paroître encore une fois.

Plaute fut en son temps les délices de Rome,
Tel que Molière fut le charme de Paris;
Il tient ici son rang parmi les beaux esprits:
  Il faut consulter ce grand homme.
Qu'on le fasse venir.
                    MERCURE.
            Certes, je suis confus
Des bontés que pour moi...
                    APOLLON.
                    Finissons là-dessus.
  Entre des dieux tels que nous sommes
  Il ne faut pas de longs discours:
  Laissons les compliments aux hommes;
  Ils en sont les dupes toujours.

SCÈNE II.

PLAUTE, APOLLON, MERCURE.

APOLLON, *à Plaute*.
Pendant que tu vivois, je t'ai comblé de gloire,
Autant que de son temps auteur le fut jamais;
J'ai fait graver ton nom au temple de mémoire,
    Et t'ai prodigué mes bienfaits.
            PLAUTE.
Il est vrai: mais enfin, quelque amour qui vous guide,
Les dons qu'aux beaux esprits prodigue votre main
    N'ont rien de réel, de solide,

SCÈNE II.

Et n'ôtent pas toujours les soins du lendemain.
Qui ne mâche chez vous qu'un laurier insipide
    Court risque de mâcher à vide,
    Et souvent de mourir de faim;
Et, si j'avois à reprendre naissance,
    J'aimerois mieux être portier
    D'un traitant ou d'un sous-fermier,
    Que mignon de votre excellence.

MERCURE.

C'est faire peu de cas et mettre à trop bas prix
Les faveurs qu'Apollon dispense aux beaux esprits;
    Et mon avis n'est pas le vôtre.

PLAUTE.

    J'en pourrois parler mieux qu'un autre.
    Croiriez-vous que, sur mon déclin,
Laissant le dieu des vers que j'étois las de suivre,
    Ne pouvant me donner de pain,
    Je me suis vu réduit, pour vivre,
    À tourner la meule au moulin?

MERCURE.

Vous!

PLAUTE.

    Moi.

MERCURE.

    Cet illustre poëte
Finir ses jours au moulin!

PLAUTE.

            Oui.

PROLOGUE.

MERCURE.

Si Plaute a fait en ce lieu sa retraite,
Où donc renverrons-nous nos rimeurs d'aujourd'hui?

APOLLON.

Un poëte aisément s'endort dans la mollesse.
L'abondance souvent, unie à la paresse,
  Sèche sa veine et la tarit;
Mais la nécessité réveille son esprit.

MERCURE.

Enfin, quel qu'ait été votre sort domestique,
  Je viens, charmé de vos talents,
 Vous demander une piéce comique,
De celles que dans Rome on vit de votre temps,
  Pour savoir si le goût antique
Trouveroit à Paris encor des partisans.

PLAUTE.

 J'en doute fort. Les caractères,
 Les esprits, les mœurs, les manières,
En près de deux mille ans, ont bien changé, je croi.
  Et, par exemple, dites-moi,
À Paris aujourd'hui de quel goût sont les dames?

MERCURE.

 Mais... elles sont du goût des femmes.

PLAUTE.

À Rome, de mon temps, libres dans leurs soupirs,
Elles ne trouvoient point l'hymen un esclavage;
Et, faisant du divorce un légitime usage,
Elles changeoient d'époux au gré de leurs desirs.

SCÈNE II.

MERCURE.

Oh! ce n'est plus le temps. Une loi plus austère
Fixe une femme au premier choix;
Elle ne peut avoir qu'un époux à-la-fois :
Mais un usage moins sévère
Aux coquettes du temps permet encor parfois
D'avoir autant d'amants qu'elles en peuvent faire.

APOLLON.

C'est un tempérament; et, comme je le voi,
L'usage adoucit bien la rigueur de la loi.

PLAUTE.

Mais voit-on encor par la ville
Une troupe lâche et stérile
De fades et mauvais plaisants,
Qui chez les grands de Rome alloient chercher à vivre,
Et qui ne cessoient de les suivre,
Soit à la ville, soit aux champs;
De lâches délateurs, des complaisants serviles,
Que dans mes vers j'ai souvent exprimés;
Des parasites affamés,
De ces importants inutiles,
Qui tous les jours dans les maisons
À l'heure du dîner font de sûres visites?

MERCURE.

Non; mais l'on y voit des Gascons
Qui valent bien des parasites.

PLAUTE.

Le goût étant changé, comme enfin je le vois,

Une pièce de moi, je crois, ne plairoit guère,
À moins qu'Apollon ne fît choix
D'un auteur comique et françois,
Qui pût accommoder le tout à sa manière,
Porter la scène ailleurs, changer, faire et défaire.
S'il pouvoit réussir dans ce noble dessein,
Moitié François, moitié Romain,
Je pourrois peut-être encor plaire.

APOLLON.

Je me souviens qu'un de ces jours
Un auteur, qui parfois erre dans ces détours,
Me fit voir un sujet qu'on nomme
Les MÉNECHMES, qu'il dit avoir tiré de vous,
Et qui fut applaudi dans Rome.

PLAUTE.

Tout auteur que je suis, je ne suis point jaloux
Que mon travail lui soit utile.
Le sujet qu'il a pris
Divertit autrefois un peuple difficile;
Et peut-être aura-t-il même sort à Paris.

MERCURE.

Sur cet augure heureux, de ce pas je vais faire
Tout ce qui sera nécessaire
Pour mettre la pièce en état.

APOLLON.

Et moi, je vais commencer ma carrière,
Et rendre au monde son éclat.

SCÈNE III.

MERCURE.

Messieurs, ne soyez point en peine
Comment je puis si promptement
Ajuster cette pièce, et faire en un moment
Qu'elle paroisse sur la scène :
Nous autres dieux, d'un coup de main,
Nous passons tout effort humain.
Agréez donc mes soins; et, pour reconnoissance
D'avoir voulu vous divertir,
Ayez pour mon travail quelque peu d'indulgence;
Et vous n'aurez pas lieu de vous en repentir.
J'écarterai de vous tout ce qui peut vous nuire,
Coupeurs de bourse adroits, médecins, usuriers,
Avocats babillards, insolents créanciers;
Tous ces gens sont sous mon empire.
Et s'il est parmi vous quelqu'un
Possédant femme ou maîtresse fidèle
(C'est un cas qui n'est pas commun),
Je n'emploierai jamais près d'elle,
Pour corrompre son cœur et sa fidélité,
Ni mon art, ni mon éloquence.
C'est payer trop, en vérité,
Quelques moments de complaisance;
Mais un dieu doit user de générosité.

FIN DU PROLOGUE.

ACTEURS.

MÉNECHME,
LE CHEVALIER MÉNECHME, } frères jumeaux.
DÉMOPHON, père d'Isabelle.
ISABELLE, amante du chevalier.
ARAMINTE, vieille tante d'Isabelle, amoureuse du chevalier.
FINETTE, suivante d'Araminte.
VALENTIN, valet du chevalier.
ROBERTIN, notaire.
UN MARQUIS gascon.
M. COQUELET, marchand.

La scène est à Paris, dans une place publique.

LES MÉNECHMES,

COMÉDIE.

ACTE PREMIER.

SCÈNE I.

LE CHEVALIER MÉNECHME.

Je suis tout hors de moi. Maudit soit le valet!
Pour me faire enrager il semble qu'il soit fait:
Je ne puis plus long-temps souffrir sa négligence,
Tous les jours le coquin lasse ma patience;
Il sait que je l'attends.

SCÈNE II.

VALENTIN, LE CHEVALIER.

LE CHEVALIER.

Mais enfin je le voi.
D'où viens-tu donc, maraud? dis, parle, réponds-moi.

VALENTIN *met à terre une valise qu'il portoit,
et s'assied dessus.*

Quant à présent, monsieur, je ne vous puis rien dire;
Un moment, s'il vous plaît, souffrez que je respire :
Je suis tout essoufflé.

LE CHEVALIER.

Veux-tu donc tous les jours
Me mettre au désespoir, et me jouer des tours?
Je ne sais qui me tient que de vingt coups de canne...
Quoi! maraud! pour aller jusques à la douane
Retirer ma valise, il te faut tant de temps?

VALENTIN.

Ah! monsieur, ces commis sont de terribles gens!
Les Juifs, tout Juifs qu'ils sont, sont moins durs, moins arabes;
Ils ne répondent point que par monosyllabes.
Oui. Bon. Paix. Quoi? Monsieur... Je n'ai pas le loisir.
Mais, monsieur... Revenez. Faites-moi le plaisir...
Vous me rompez la tête; allez. Enfin les traîtres,
Quand on a besoin d'eux, sont plus fiers que leurs maîtres.

LE CHEVALIER.

Quoi! tu serois resté jusqu'à l'heure qu'il est
Toujours à la douane?

VALENTIN.

Oh! non pas, s'il vous plaît.
Voyant que le commis qui gardoit ma valise
Usoit depuis une heure avec moi de remise,
Las d'avoir pour objet un visage ennuyeux,
J'ai cru qu'au cabaret j'attendrois beaucoup mieux.

ACTE I, SCÈNE II.

LE CHEVALIER.

Faudra-t-il que le vin te commande sans cesse?

VALENTIN.

Vous savez que chacun, monsieur, a sa foiblesse;
Mais le mauvais exemple, encor plus que le vin,
Me retient, malgré moi, dans le mauvais chemin.
Je me sens de bien vivre une assez bonne envie.

LE CHEVALIER.

Mais pourquoi hantes-tu mauvaise compagnie?

VALENTIN.

Je fais de vains efforts, monsieur, pour l'éviter;
Mais je vous aime trop, je ne puis vous quitter.

LE CHEVALIER.

Que dis-tu donc, maraud?

VALENTIN.

Monsieur, un long usage
De parler librement me donne l'avantage.
En pareil cas que moi vous vous êtes trouvé;
Assez souvent, d'un vin bien pris et mal cuvé,
Je vous ai vu le chef plus lourd qu'à l'ordinaire;
J'ai même quelquefois prêté mon ministère
Pour vous donner la main et vous conduire au lit.
De ces petits excès je ne vous ai rien dit:
Nous devons nous prêter aux foiblesses des autres,
Leur passer leurs défauts, comme ils passent les nôtres.

LE CHEVALIER.

Je te pardonnerois d'aimer un peu le vin,
Si je te connoissois à ce seul vice enclin;

Mais ton maudit penchant à mille autres te porte;
Tu ressens pour le jeu la pente la plus forte...

VALENTIN.

Ah! si je joue un peu, c'est pour passer le temps.
Quand vous passez les nuits dans certains noirs brelans,
Je vous entends jurer au travers de la porte:
Je jure comme vous, quand le jeu me transporte;
Et ce qui peut tous deux nous différencier,
Vous jurez dans la chambre, et moi sur l'escalier.
Je vous imite en tout. Vous, d'une ardeur extrême,
Buvez, jouez, aimez; je bois, je joue et j'aime:
Et si je suis coquet, c'est vous qui le premier,
Consommé dans cet art, m'apprîtes le métier;
Vous allez chaque jour, d'une ardeur vagabonde,
Faisant rafle par-tout, de la brune à la blonde.
Isabelle à présent vous retient sous sa loi;
Vous l'aimez, dites-vous: je ne sais pas pourquoi...

LE CHEVALIER.

Tu ne sais pas pourquoi! Se peut-il qu'à ses charmes,
À ses yeux tout divins, on ne rende les armes?
Je la vis chez sa tante, où je fus enchanté;
Le trait qui me perça, mon cœur l'a rapporté.

VALENTIN.

Autrefois cependant pour sa tante Araminte,
Toute folle qu'elle est, vous aviez l'ame atteinte.
J'approuvois fort ce choix: outre que ses ducats
Nous ont plus d'une fois tirés de mauvais pas,
J'y trouvois mon profit; vous cajoliez la tante,

Et moi je pourchassois Finette la suivante.
Ainsi vous voyez bien...

LE CHEVALIER.

Oui; je vois, en un mot,
Que tu fais le docteur, et que tu n'es qu'un sot.
Pour t'empêcher de dire encor quelque sottise
Finissons, et chez moi va porter ma valise.

VALENTIN, *redressant la valise pour la mettre sur son épaule.*

J'obéis : cependant, si je voulois parler,
Sur un si beau sujet je pourrois m'étaler.

LE CHEVALIER.

Eh! tais-toi.

VALENTIN.

Quand je veux, je parle mieux qu'un autre.

LE CHEVALIER.

Quelle est cette valise?

VALENTIN.

Eh! parbleu, c'est la vôtre.

LE CHEVALIER.

De la mienne elle n'a ni l'air ni la façon.

VALENTIN.

J'ai long-temps, comme vous, été dans le soupçon;
Mais de votre cachet la figure et l'empreinte,
Et l'adresse bien mise, ont dissipé ma crainte.
Lisez plutôt ces mots distinctement écrits :
C'est « À monsieur Ménechme, à présent à Paris. »

LE CHEVALIER.

Il est vrai; mais enfin, quoi que tu puisses dire,
Je ne reconnois point cette façon d'écrire;
Enfin ça n'est point là ma valise.

VALENTIN.

D'accord.
Cependant à la vôtre elle ressemble fort.

LE CHEVALIER.

Tu m'auras fait ici quelque coup de ta tête.

VALENTIN.

Mais vous me prenez donc, monsieur, pour une bête.
En revenant de Flandre, où par trop brusquement
Vous avez pris congé de votre régiment;
Et passant à Péronne, où fut le dernier gîte,
Nous y prîmes la poste; et, pour aller plus vite,
Vous me fîtes porter au coche, qui partoit,
Votre malle assez lourde, et qui nous arrêtoit:
J'obéis à votre ordre avec zèle et vitesse;
Je fis par le commis mettre dessus l'adresse.
Ainsi je n'ai rien fait que bien dans tout ceci.

LE CHEVALIER.

C'est de quoi dans l'instant je veux être éclairci.
Ouvre vite, et voyons quel est tout ce mystère.

VALENTIN, *tirant un paquet de clefs.*

Dans un moment, monsieur, je vais vous satisfaire.
Ouais! la clef n'entre point.

LE CHEVALIER.

Romps chaîne et cadenas.

ACTE I, SCÈNE II.

VALENTIN.

Puisque vous le voulez, je n'y résiste pas.
Or sus, instrumentons.

LE CHEVALIER.

Qu'as-tu? Tu me regardes!

VALENTIN.

Je ne vois là-dedans pas une de vos hardes.

LE CHEVALIER.

Comment donc, malheureux!

VALENTIN.

Monsieur, point de courroux.
Au troc que nous faisons peut-être gagnons-nous;
Et je ne crois pas, moi, que dans votre valise
Nous eussions pour vingt francs de bonne marchandise.

LE CHEVALIER.

Et ces lettres, maraud, qui faisoient mon bonheur,
Où l'aimable Isabelle exprimoit son ardeur,
Qui me les rendra? dis.

VALENTIN, *tirant un paquet de lettres de la valise.*

Tenez, en voilà d'autres
Qui vous consoleront d'avoir perdu les vôtres.

LE CHEVALIER, *prenant les lettres.*

Sais-tu que les railleurs et les mauvais plaisants
D'ordinaire avec moi passent fort mal leur temps?

VALENTIN.

Mon dessein n'étoit pas de vous mettre en colère.
(*Le chevalier lit les lettres.*)

Mais sans perdre de temps faisons notre inventaire.

(*Il examine les hardes de la valise, et tire un sac de procès.*)

Ce meuble de chicane appartient sûrement
À quelque homme du Maine, ou quelque bas-Normand.

(*Il tire un habit de campagne.*)

L'habit est vraiment leste, et des plus à la mode.
Pour un surtout de chasse il me sera commode.

LE CHEVALIER.

Oh ciel!

VALENTIN.

Quel est l'excès de cet étonnement?

LE CHEVALIER.

L'aventure ne peut se comprendre aisément.

VALENTIN.

Qu'avez-vous donc, monsieur? est-ce quelque vertige
Qui vous monte à la tête?

LE CHEVALIER.

Elle tient du prodige.
Tu ne la croiras pas quand je te la dirai.

VALENTIN.

Si vous ne mentez pas, monsieur, je vous croirai.

LE CHEVALIER.

Je suis né, tu le sais, assez près de Péronne,
D'un sang dont la valeur ne le cède à personne.
Tu sais qu'ayant perdu père, mère, et parents,
Et demeurant sans bien dès mes plus tendres ans,
Las de passer mes jours dans le fond d'une terre,

ACTE I, SCÈNE II.

Je suivis à quinze ans le métier de la guerre.
Un frère seul resta de toute la maison,
Avec un oncle avare et riche, disoit-on.
En différents pays j'ai brusqué la fortune,
Sans que l'on ait de moi reçu nouvelle aucune;
Et je sais, par des gens qui m'en ont fait rapport,
Que depuis très long-temps mon frère me croit mort.

VALENTIN.

Je le sais; et de plus je sais que votre mère
Mourut en accouchant de vous et de ce frère;
Que vous êtes jumeaux, et que votre portrait
En toute sa personne est rendu trait pour trait;
Que vos airs dans les siens sont si reconnoissables,
Que deux gouttes de lait ne sont pas plus semblables.

LE CHEVALIER.

Nous nous ressemblions, mais si parfaitement,
Que les yeux les plus fins s'y trompoient aisément;
Et notre père même, en commençant à croître,
Nous attachoit un signe afin de nous connoître.

VALENTIN.

Vous m'avez dit cela déja plus d'une fois;
Mais que fait cette histoire au trouble où je vous vois?

LE CHEVALIER.

Ce n'est pas sans raison que j'ai l'ame surprise,
Valentin. À ce frère appartient la valise;
Et j'apprends, en lisant la lettre que je tiens,
Que notre oncle est défunt, et qu'il laisse ses biens
À ce frère jumeau, qui doit ici se rendre.

VALENTIN.

La nouvelle en effet a de quoi vous surprendre.

LE CHEVALIER.

Écoute, je te prie, avec attention.
Ceci mérite bien quelque réflexion.

(*Il lit.*)

« Je vous attends, monsieur, pour vous remettre
« comptant les soixante mille écus que votre oncle
« vous a laissés par testament, et pour épouser made-
« moiselle Isabelle, dont je vous ai plusieurs fois parlé
« dans mes lettres : le parti vous convient fort, et son
« père Démophon souhaite cette affaire avec passion.
« Ne manquez donc point de vous rendre au plutôt à
« Paris, et faites-moi la grace de me croire votre très
« humble et très obéissant serviteur,

« ROBERTIN. »

Robertin, c'est le nom d'un honnête notaire
Qui travailloit pour nous du vivant de mon père.
La date, le dessus, et le nom bien écrit,
Dans mes préventions confirment mon esprit.
Mon frère, pour venir au gré de cette lettre,
Comme moi, sa valise au coche aura fait mettre,
Et dans le même temps : ce rapport de grandeur,
De cachet et de nom, a causé ton erreur;
Et je conclus enfin, sans être fort habile,
Que mon frère est déja peut-être en cette ville.

VALENTIN.

Cela pourroit bien être, et je suis stupéfait
Des effets surprenants que le hasard a fait.
Il faut que justement je fasse une méprise,
Et que notre bonheur vienne de ma sottise.
Nous trouvons en un jour un vieil oncle enterré,
Qui laisse de grands biens dont il vous a frustré;
Un frère qui reçoit tous ces biens qu'on lui laisse,
Et qui vient enlever encor votre maîtresse:
Voilà tout à-la-fois cinq ou six incidents
Capables d'étourdir les plus habiles gens.

LE CHEVALIER.

Nous ferons tête à tout, et de cette aventure
Je conçois dans mon cœur un favorable augure.

VALENTIN.

Soixante mille écus nous feroient grand besoin.

LE CHEVALIER.

Il faut, pour les avoir, employer notre soin.
Ils sont à moi du moins tout autant qu'à mon frère:
Mais il faut déterrer le frère et le notaire.
Va, cours, informe-toi, ne perds pas un moment.

VALENTIN.

Vous connoissez mon zéle et mon empressement;
Et, s'il est à Paris, j'ai des amis fidéles,
Qui dans une heure au plus m'en diront des nouvelles.

LE CHEVALIER.

Je vais chez Araminte; elle sait mon retour:
Il faudra feindre encor que je brûle d'amour.

Elle n'a nul soupçon de ma nouvelle flamme.
Tu sais le caractère et l'esprit de la dame.
Elle est vieille, et jalouse à désoler les gens;
Ses airs et ses discours sont tous impertinents;
Enfin c'est une folle, et qui veut qu'on la flatte:
Quoiqu'un rayon d'espoir pour mon amour éclate,
Incertain du succès, je la veux ménager.
Retourne à la douane, au coche, au messager.
Mais Araminte sort. Va vite où je t'envoie.

(*Valentin emporte la malle, et sort.*)

SCÈNE III.

ARAMINTE, FINETTE; LE CHEVALIER, *à part.*

ARAMINTE.

Nous reverrons Ménechme aujourd'hui. Quelle joie!
Je ne puis demeurer en place, ni chez moi.
Pareil empressement doit l'agiter, je croi.
Comment me trouves-tu? dis, Finette.

FINETTE.

Charmante.
Votre beauté surprend, ravit, enlève, enchante.
Il semble que l'amour, dans ce jour si charmant,
Ait pris soin par mes mains de votre ajustement.

ARAMINTE.

Cette fille toujours eut le goût admirable.
(*apercevant le chevalier qui s'approche.*)
Ah! monsieur, vous voilà! Quel destin favorable

ACTE I, SCÈNE III.

Plus que je n'espérois presse votre retour?
Et quel dieu près de moi vous raméne?

LE CHEVALIER.

L'Amour.

ARAMINTE.

L'Amour! Le pauvre enfant!

LE CHEVALIER.

Votre aimable présence
Me dédommage bien des chagrins de l'absence.
Non, je ne vois que vous qui, sans art, sans secours,
Puissiez paroître ainsi plus jeune tous les jours.

ARAMINTE.

Fi donc, badin! L'amour quelquefois, quoique absente,
À votre souvenir me rendoit-il présente?
Votre portrait charmant, et qui fait tout mon bien,
Que je reçus de vous quand vous prîtes le mien,
Me consoloit un peu d'une absence effroyable;
Le mien a-t-il sur vous fait un effet semblable?

LE CHEVALIER.

Votre image m'occupe et me suit en tous lieux:
La nuit même ne peut vous cacher à mes yeux;
Et cette nuit encor (je rappelle mon songe),
O douce illusion d'un aimable mensonge!
Je me suis figuré, dans mon premier sommeil,
Être dans un jardin, au lever du soleil,
Que l'aurore vermeille avec ses doigts de roses
Avoit semé de fleurs nouvellement écloses.
Là, sur les bords charmants d'un superbe canal,

Qui reçoit dans son sein un torrent de cristal,
Où cent flots écumant et tombant en cascades
Semblent être poussés par autant de naïades;
Là, dis-je, reposant sur un lit de roseaux,
Je vous vois sur un char sortir du fond des eaux.
Vous aviez de Vénus et l'habit et la mine.
Cent mille amours poussoient une conque marine,
Et les Zéphyrs badins, volant de toutes parts,
Faisoient au gré des airs flotter des étendards.

FINETTE.

Ah ciel! le joli rêve!

ARAMINTE.

Achevez, je vous prie.

LE CHEVALIER.

Mon ame, à cet aspect d'étonnement saisie...

ARAMINTE.

Et j'étois la Vénus flottant sur ce canal?

LE CHEVALIER.

Oui, madame, vous-même, en propre original.
L'esprit donc enchanté d'un si noble spectacle,
Je me suis avancé près de vous sans obstacle.

ARAMINTE.

De grace, dites-moi, parlant sincèrement,
Sous l'habit de Vénus avois-je l'air charmant,
Le port noble et divin?

LE CHEVALIER.

Le plus divin du monde:
Vous sentiez la déesse une lieue à la ronde.

ACTE I, SCÈNE III.

M'étant donc avancé pour vous donner la main,
Le jardin à mes yeux a disparu soudain;
Et je me suis trouvé dans une grotte obscure,
Que l'art embellissoit ainsi que la nature.
Là, dans un plein repos, et couronné de fleurs,
Je vous persuadois de mes vives douleurs :
Vous vous laissiez toucher d'une bonté nouvelle,
Et preniez de Vénus la douceur naturelle,
Lorsque, par un malheur qui n'a point de pareil,
Mon valet, en entrant, a causé mon réveil.

ARAMINTE.

Je suis au désespoir de cette circonstance :
Et voilà des valets l'ordinaire imprudence!
Toujours mal à propos ils viennent nous trouver.

LE CHEVALIER.

Mon songe n'est pas fait, et je veux l'achever.

ARAMINTE.

D'accord : mais je voudrois que, pour vous satisfaire,
Votre bonheur toujours ne fût pas en chimère,
Et qu'un heureux hymen entre nous concerté
Pût donner à vos feux plus de réalité.
Mais j'en crains le retour : dans le siécle où nous sommes
Le dégoût dans l'hymen est naturel aux hommes;
Et la possession souvent du premier jour
Leur ôte tout le sel et le goût de l'amour.

LE CHEVALIER.

Ah! madame, pour vous mon amour est extrême :
Je sens qu'il doit aller par-delà la mort même;

Et si, par un malheur que je n'ose prévoir,
Votre mort... Ah! grands dieux! quel affreux désespoir!
Mon ame, en y pensant, de douleur possédée...

ARAMINTE.

Rejetons loin de nous cette funeste idée;
Et, pour mieux célébrer le plaisir du retour,
Je veux que nous dînions ensemble dans ce jour.
J'ai fait dès ce matin inviter une amie,
Et vous augmenterez la bonne compagnie.

LE CHEVALIER.

Madame, cet honneur m'est bien avantageux.
Une affaire à présent m'arrache de ces lieux :
Pour revenir plutôt je pars en diligence.

ARAMINTE.

Allez. Je vous attends avec impatience.

LE CHEVALIER.

Ici, dans un moment, je reviens sur mes pas.

SCÈNE IV.

ARAMINTE, FINETTE.

ARAMINTE.

L'amour qu'il a pour moi ne s'imagine pas ;
Mais, en revanche aussi, je l'aime à la folie.
Comment le trouves-tu?

FINETTE.

Sa figure est jolie.

Son valet Valentin n'est pas mal fait aussi :
Nous nous aimons un peu.

SCÈNE V.

DÉMOPHON, ARAMINTE, FINETTE.

FINETTE.
Mais quelqu'un vient ici.
C'est Démophon.
DÉMOPHON.
Bonjour, ma sœur.
ARAMINTE.
Bonjour, mon frère.
DÉMOPHON.
Bonjour. J'allois chez vous pour vous parler d'affaire.
ARAMINTE.
Ici comme chez moi vous pouvez m'ennuyer.
DÉMOPHON.
Votre nièce Isabelle est d'âge à marier :
Et monsieur Robertin, dont je connois le zéle,
A su me ménager un bon parti pour elle ;
Un jeune homme doué d'esprit et de vertus,
Possédant, qui plus est, soixante mille écus
D'un oncle qui l'a fait unique légataire,
Dont ledit Robertin est le dépositaire :
Et j'apprends, par les mots du billet que voici,
Que cet homme en ce jour doit arriver ici.

ARAMINTE.

J'en suis vraiment fort aise.

DÉMOPHON.

Or donc, ce mariage
Étant pour la famille un fort grand avantage,
Et vous voyant déjà, ma sœur, sur le retour,
N'ayant, comme je crois, nul penchant pour l'amour,
Je me suis bien promis qu'en faveur de l'affaire
Vous feriez de vos biens donation entière,
Vous gardant l'usufruit jusques à votre mort.

ARAMINTE.

Jusqu'à ma mort! Vraiment, ce projet me plaît fort!
Vous vous êtes promis, il faut vous dépromettre.
L'âge, comme je crois, peut encor me permettre
D'aspirer à l'hymen, et d'avoir des enfants.

DÉMOPHON.

Vous moquez-vous, ma sœur? vous avez cinquante ans.

ARAMINTE.

Moi, j'ai cinquante ans! moi! Finette?

FINETTE.

Quels reproches!
Hélas! on n'est jamais trahi que par ses proches!
À cause que madame a vécu quelque temps,
On ne la croit plus jeune! Il est de sottes gens!

DÉMOPHON.

Ma sœur, dans mon calcul je crois vous faire grace;
Et je raisonne ainsi: J'en ai cinquante, et passe:
Vous êtes mon aînée; *ergo*, dans un seul mot,

ACTE I, SCÈNE V.

Vous voyez si j'ai tort.

ARAMINTE.

Votre *ergo* n'est qu'un sot;
Et je sais fort bien, moi, que cela ne peut être.
Ma jeunesse à mon teint se fait assez connoître.
Ce que je puis vous dire en termes clairs et nets,
C'est qu'il faut de mon bien vous passer pour jamais;
Que je me porte mieux que tous tant que vous êtes;
Que, malgré les complots qu'en votre ame vous faites,
Je prétends enterrer, avec l'aide de Dieu,
Les enfants que j'aurai, vous et ma niéce. Adieu.
C'est moi qui vous le dis; m'entendez-vous, mon frère?
Allons, Finette, allons.

(*Elle sort.*)

SCÈNE VI.

FINETTE, DÉMOPHON.

DÉMOPHON.

Le joli caractère!

FINETTE.

Monsieur, une autre fois, ou bien ne parlez pas,
Ou prenez, s'il vous plaît, de meilleurs almanachs.
Ma maîtresse est encor, malgré vous, jeune et belle;
Et tous les connoisseurs vous la soutiendront telle.

SCÈNE VII.

DÉMOPHON.

Je jugeois à peu près quels seroient ses discours,
Et j'ai fort prudemment cherché d'autres secours.
Allons voir le notaire; et prenons des mesures
Pour rendre, s'il se peut, les affaires bien sûres.
Si l'homme en question est tel qu'on me l'a dit,
Terminons au plutôt l'hymen dont il s'agit.

FIN DU PREMIER ACTE.

ACTE SECOND.

SCÈNE I.

LE CHEVALIER, VALENTIN.

VALENTIN.
Votre frère est trouvé, mais ce n'est pas sans peine;
Vous m'en voyez, monsieur, encor tout hors d'haleine.
J'avois couru Paris de l'un à l'autre bout,
Au coche, au messager, à la poste, et par-tout;
Et je vous avertis que je n'ai passé rue
Où quelque créancier ne m'ait choqué la vue :
J'ai même rencontré ce Gascon, ce marquis,
À qui, depuis un an, nous devons cent louis...

LE CHEVALIER.
J'ai honte de devoir si long-temps cette somme :
Il me l'a, tu le sais, prêtée en galant homme;
Et du premier argent que je pourrai toucher
De m'acquitter vers lui rien ne peut m'empêcher.

VALENTIN.
Tant mieux. Ne sachant plus enfin quel parti prendre,
À la douane encor j'ai bien voulu me rendre :
Là, j'ai vu votre frère au milieu des commis,
Qui s'emportoit contre eux du *quiproquo* commis.

Je l'ai connu de loin; et cette ressemblance,
Dont vous m'avez parlé, passe toute croyance :
Le visage et les traits, l'air et le ton de voix,
Ce n'est qu'un; je m'y suis trompé plus d'une fois.
Son esprit, il est vrai, n'est pas semblable au vôtre.
Il est brusque, impoli; son humeur est tout autre;
On voit bien qu'il n'a pas goûté l'air de Paris;
Et c'est un franc Picard qui tient de son pays.

LE CHEVALIER.

On doit peu s'étonner de cet air de rudesse
Dans un provincial nourri sans politesse;
Et ce n'est qu'à Paris que l'on perd aujourd'hui
Cet air sauvage et dur qui règne encore en lui.

VALENTIN.

De loin, comme j'ai dit, j'observois sa querelle;
Et, quand il est sorti, j'ai fait briller mon zéle;
J'ai flatté son esprit; enfin j'ai si bien fait,
Qu'il veut, comme je crois, me prendre pour valet.
Il s'est même informé pour une hôtellerie.
Moi, dans les hauts projets dont mon ame est remplie,
J'ai d'abord enseigné l'auberge que voici.
Il doit dans un moment me venir joindre ici.

LE CHEVALIER.

Quels sont ces hauts projets dont ton ame est charmée?

VALENTIN.

La fortune aujourd'hui me paroît désarmée.
Tantôt, chemin faisant, j'ai cru, sans me flatter,
Que de la ressemblance on pourroit profiter

ACTE II, SCÈNE I.

Pour obtenir plutôt Isabelle du père,
Et tirer, qui plus est, cet argent du notaire :
Ce seroient deux beaux coups à-la-fois.

LE CHEVALIER.

Oui, vraiment.

VALENTIN.

Cela pourroit peut-être arriver aisément.
À notre campagnard nous donnerions la tante ;
Pour vous seroit la nièce, et pour moi la suivante.

LE CHEVALIER.

Mais comment ferions-nous, dans ce hardi dessein,
Pour mettre promptement cette affaire en bon train ?

VALENTIN.

Il faut premièrement quitter cette parure,
Prendre d'un héritier l'habit et la figure,
L'air entre triste et gai. Le deuil vous sied-il bien ?

LE CHEVALIER.

Si c'est comme héritier, ma foi, je n'en sais rien ;
Jamais succession ne m'est encor venue.

VALENTIN.

Faites bien le dolent à la première vue :
Imposez au notaire ; et soyez diligent
Autant que vous pourrez à toucher cet argent.

LE CHEVALIER.

J'ai de tromper mon frère au fond quelque scrupule.

VALENTIN.

Quelle délicatesse et vaine et ridicule !
Nantissez-vous de tout, sans rien mettre au hasard ;

Après, à votre gré vous lui ferez sa part.
S'il tenoit cet argent, il se pourroit bien faire
Qu'il n'auroit pas pour vous un si bon caractère.

LE CHEVALIER.

Si pour ce bien offert tu me vois quelque ardeur,
C'est pour mieux mériter Isabelle et son cœur.
Je l'adore, et je puis te dire en confidence
Qu'elle ne me voit pas avec indifférence.
Son père n'en sait rien, et ne me connoît pas;
Pour l'obtenir de lui je n'ai fait aucun pas;
Et n'ayant pour tout bien que la cape et l'épée,
Toute mon espérance auroit été trompée.
Quelque raison encor m'arrête en ce moment.

VALENTIN.

Quelle est-elle?

LE CHEVALIER.

J'ai pris certain engagement,
Et promis par écrit d'épouser Araminte.

VALENTIN.

Sur cet engagement bannissez votre crainte.
Bon! si l'on épousoit autant qu'on le promet,
On se marieroit plus que la loi ne permet.
Allons au fait. Pour mettre en état notre affaire,
Il faut être vêtu comme l'est votre frère:
Il porte le grand deuil; son linge est effilé;
Un baudrier noué d'un crêpe entortillé:
Sa perruque de peu diffère de la vôtre;
Ainsi vous n'aurez pas besoin d'en prendre une autre.

ACTE II, SCÈNE I.

Allez vous encrêper sans perdre un seul instant.
LE CHEVALIER.
Pour dîner avec elle Araminte m'attend.
VALENTIN.
Vous avez maintenant bien autre chose à faire;
Vous dînerez demain. Je crois voir votre frère.
Il vient de ce côté, je ne me trompe pas;
Vous, de cet autre-ci marchez, doublez le pas.
LE CHEVALIER.
Mais, dis-moi cependant...
VALENTIN.
Je n'ai rien à vous dire;
De tout dans un moment je saurai vous instruire.

SCÈNE II.

MÉNECHME, *en deuil;* VALENTIN.

VALENTIN.
À la fin vous voilà, monsieur. Depuis long-temps,
Pour tenir ma parole, ici je vous attends.
MÉNECHME.
Oui vraiment me voilà; mais j'ai cru de ma vie
Ne pouvoir arriver à votre hôtellerie.
Quel pays! quel enfer! J'ai fait cent mille tours;
Je n'ai jamais couru tant de risque en mes jours.
On ne peut faire un pas que l'on ne trouve un piége.
Par-tout quelque filou m'investit et m'assiége:

Là, l'épée à la main, des archers mal-faisants,
Conduisant leur capture, insultent les passants;
Un fiacre, me couvrant d'un déluge de boue,
Contre le mur voisin m'écrase de sa roue;
Et, voulant me sauver, des porteurs inhumains
De leur maudit bâton me donnent dans les reins.
Quel bruit confus ! quels cris ! Je crois qu'en cette ville
Le diable a pour jamais élu son domicile.

VALENTIN.

Oh ! Paris est un lieu de tumulte et d'éclat.

MÉNECHME.

Comment ! j'aimerois mieux cent fois être au sabbat.
Un bois plein de voleurs est plus sûr. Ma valise,
Contre la foi publique, en arrivant, m'est prise;
On la change en une autre, où ce qui fut dedans,
À le bien estimer, ne vaut pas quinze francs :
Des billets doux de femme y sont pour toutes hardes.

VALENTIN.

Il faut en ce pays être un peu sur ses gardes.

MÉNECHME.

Je ne le vois que trop. Suffit, ce coup de main
Me rendra désormais plus alerte et plus fin.
Heureusement encor, laissant ma malle au coche,
J'ai mis fort prudemment mon argent dans ma poche.

VALENTIN.

En toute occasion on voit les gens d'esprit.
Je vous ai dans ce lieu fait préparer un lit
Dans un appartement fort propre et fort tranquille.

ACTE II, SCÈNE II.

Comptez-vous de rester long-temps en cette ville?

MÉNECHME.

Le moins que je pourrai; je n'ai pas trop sujet
De me louer fort d'elle, et d'être satisfait.
Je viens m'y marier.

VALENTIN.

C'est pourtant une affaire
Que l'on ne conclut pas en un jour, d'ordinaire.

MÉNECHME.

J'y viens pour prendre aussi soixante mille écus,
Qu'un oncle que j'avois, et qu'enfin je n'ai plus,
Attendu qu'il est mort, par grace singulière,
M'a laissés depuis peu comme à son légataire.

VALENTIN.

Tout est-il pour vous seul, monsieur?

MÉNECHME.

Assurément.
La guerre m'a défait d'un frère heureusement.
Depuis près de vingt ans, à la fleur de son âge,
Il a de l'autre monde entrepris le voyage,
Et n'est point revenu.

VALENTIN.

Le ciel lui fasse paix,
Et dans tous vos desseins vous donne un plein succès!
Si vous avez besoin de mon petit service,
Vous pouvez m'employer, monsieur, à tout office:
Je connois tout Paris, et je suis toujours prêt
À servir mes amis sans aucun intérêt.

MÉNECHME.

Ne sauriez-vous me dire où loge un certain homme,
Un honnête bourgeois, que Démophon l'on nomme?

VALENTIN.

Démophon?

MÉNECHME.

Justement, c'est ainsi qu'il a nom.

VALENTIN.

Qui peut vous enseigner mieux que moi sa maison?
Nous irons. Avez-vous avec lui quelque affaire?

MÉNECHME.

Oui. Sauriez-vous encore où demeure un notaire
Qu'on nomme Robertin?

VALENTIN.

Ah! vraiment, je le croi;
Vous ne pouvez pas mieux vous adresser qu'à moi;
Il est de mes amis, et nous irons ensemble.

SCÈNE III.

FINETTE, VALENTIN, MÉNECHME.

VALENTIN, *à part.*

Mais j'aperçois Finette. Ah! juste ciel! je tremble
Qu'elle ne vienne ici gâter ce que j'ai fait.

FINETTE, *à Valentin.*

Que diantre fais-tu là planté comme un piquet?
Le dîner se morfond; ma maîtresse s'ennuie.

ACTE II, SCÈNE III.

(apercevant Ménechme, qu'elle prend pour le chevalier.)

Ah! vous voilà, monsieur! vraiment j'en suis ravie.

MÉNECHME.

Et pourquoi donc?

FINETTE.

J'allois au-devant de vos pas
Voir qui peut empêcher que vous ne venez pas:
Ma maîtresse ne peut en deviner la cause.
Mais qu'est-ce donc, monsieur? quelle métamorphose!
Pourquoi cet habit noir, et ce lugubre accueil?
En peu de temps, vraiment, vous avez pris le deuil.
Faut-il, pour un dîner, s'habiller de la sorte?
Venez-vous d'un convoi, monsieur?

MÉNECHME.

Que vous importe?
Je suis comme il me plaît.

(à part, à Valentin.)

Les filles en ces lieux
Ont l'abord familier, et l'esprit curieux.

VALENTIN, *bas, à Ménechme.*

C'est l'humeur du pays; et, sans beaucoup d'instance,
Avec les étrangers elles font connoissance.

FINETTE.

Mon zèle de ces soins ne peut se dispenser;
À ce qui vous survient je dois m'intéresser:
Ma maîtresse a pour vous une tendresse extrême,
Et je dois l'imiter.

MÉNECHME.
Votre maîtresse m'aime?
FINETTE.
Ne le savez-vous pas?
MÉNECHME.
Je veux être pendu
Si, jusques à ce jour, j'en ai jamais rien su.
FINETTE.
Vous en avez pourtant déja fait quelque épreuve;
Et, si vous en voulez de plus solide preuve,
Quand vous souhaiterez vous serez son époux.
MÉNECHME.
Je serai son époux?
FINETTE.
Oui, vraiment.
MÉNECHME.
Qui? moi?
FINETTE.
Vous.
Vous n'avez pas, je crois, d'autre dessein en tête.
MÉNECHME.
La proposition est, ma foi, fort honnête!
(à part, à Valentin.)
Voilà, sur ma parole, une agente d'amour.
VALENTIN, *bas, à Ménechme.*
Elle en a bien la mine.
FINETTE.
Avant votre retour

ACTE II, SCÈNE III.

Mille amants sont venus s'offrir à ma maîtresse;
Mais Ménechme est le seul qui flatte sa tendresse.

MÉNECHME.

D'où savez-vous mon nom?

FINETTE.

D'où vous savez le mien.

MÉNECHME.

D'où je sais le vôtre?

FINETTE.

Oui.

MÉNECHME.

Je n'en sus jamais rien :
Je ne vous connois point.

FINETTE.

À quoi bon cette feinte?
Je me nomme Finette, et sers chez Araminte;
Et plus de mille fois je vous ai vu chez nous.

MÉNECHME.

Vous servez chez elle?

FINETTE.

Oui.

MÉNECHME.

Ma foi, tant pis pour vous.
Je ne m'y connois pas, ou bien, sur ma parole,
Vous êtes là, ma mie, en très mauvaise école.

FINETTE.

Laissons ce badinage. En un mot, comme en cent,
Ma maîtresse à dîner chez elle vous attend.

Pour vous faire trouver meilleure compagnie,
Elle a, dans ce repas, invité son amie,
Belle et de bonne humeur, qui loge en son quartier.
MÉNECHME.
Votre maîtresse fait un fort joli métier!
FINETTE, *bas, à Valentin.*
Mais parle-moi donc, toi. Quelle vapeur nouvelle
A pu, dans un moment, déranger sa cervelle?
VALENTIN, *bas, à Finette.*
Depuis un certain temps il est assez sujet
À des distractions, dont tu peux voir l'effet.
Il me tient quelquefois un discours vain et vague,
À tel point qu'on diroit souvent qu'il extravague.
FINETTE.
Tantôt il paroissoit assez sage; et peut-on
Perdre en si peu de temps et mémoire et raison?
(*à Ménechme.*)
Voulez-vous de bon sens me dire une parole?
MÉNECHME.
Mais vous-même, ma mie, êtes-vous ivre ou folle,
De me baliverner avec vos contes bleus,
Et me faire enrager depuis une heure ou deux?
Qu'est-ce qu'une Araminte, un objet qui m'adore,
Une amie, un dîner, et cent discours encore,
Tous plus sots l'un que l'autre, à quoi l'on ne comprend
Non plus qu'à de l'algèbre, ou bien à l'alcoran?
FINETTE.
Vous ne voulez donc pas être plus raisonnable,

ACTE II, SCÈNE III.

Ni dîner au logis?

MÉNECHME.

Non, je me donne au diable.
Votre maîtresse ailleurs, en ses nobles projets,
Peut à d'autres oiseaux tendre ses trébuchets.
Et vous, son émissaire et son honnête agente,
C'est un vilain emploi que celui d'intrigante;
Quelque malheur enfin vous en arrivera,
Je vous en avertis; quittez ce métier-là;
Faites votre profit de cette remontrance.

FINETTE.

Nous verrons si dans peu vous aurez l'insolence
De faire à ma maîtresse un discours aussi sot :
Je vais lui dire tout, sans oublier un mot.
   (à Valentin.)
Adieu, digne valet d'un trop indigne maître :
J'espère que dans peu nous nous ferons connoître.
   (à part.)
Je ne le connois plus, et ne sais où j'en suis.

SCÈNE IV.

MÉNECHME, VALENTIN.

MÉNECHME.

Quelle ville, bon Dieu! quel étrange pays!
On me l'avoit bien dit que ces femmes coquettes,
Pour faire réussir leurs pratiques secrétes,
Des nouveaux débarqués s'informoient avec soin,

Pour leur dresser après quelque piége au besoin.
VALENTIN.
Au coche elle aura pu savoir comme on vous nomme,
Et que vous arrivez pour toucher une somme.
MÉNECHME.
Justement, c'est de là qu'elle a pu le savoir :
Mais contre leurs complots j'ai su me prévaloir ;
Et, si de m'attraper quelqu'un se met en tête,
Il ne faut pas, ma foi, que ce soit une bête.
VALENTIN.
Ne restons pas, monsieur, en ce lieu plus long-temps :
Les femmes à Paris ont des attraits tentants,
Où les cœurs les plus fiers enfin se laissent prendre.
MÉNECHME.
Votre conseil est bon ; entrons sans plus attendre.

SCÈNE V.

ARAMINTE, FINETTE, MÉNECHME, VALENTIN.

ARAMINTE, *à Finette.*
Non, je ne croirai point ce que tu me dis là.
FINETTE.
Vous verrez si je mens : parlez-lui, le voilà.
ARAMINTE, *à Ménechme qu'elle prend pour le chevalier.*
Tandis que de vous voir je meurs d'impatience,

ACTE II, SCÈNE V.

Vous témoignez, monsieur, bien de l'indifférence.
Le dîner vous attend; et vous savez, je crois,
Que je n'ai de plaisir que lorsque je vous vois.

MÉNECHME.

En vérité, madame, il faut que je vous dise...
Que je suis fort surpris... et que dans ma surprise...
Je trouve surprenant... Je ne m'attendois pas
À voir ce que je vois... Car enfin vos appas,
Quoiqu'un peu... dérangés... pourroient bien me confondre,
(*à part.*)
Si, d'ailleurs... Par ma foi, je ne sais que répondre.

ARAMINTE.

Le trouble où je vous vois, ce noir déguisement,
Ne m'annoncent-ils point de triste événement?
Vous est-il survenu quelque mauvaise affaire?
Parlez, mon cher enfant; daignez ne me rien taire.
Vous êtes-vous battu?

MÉNECHME.

Jamais je ne me bats.

ARAMINTE.

Tout mon bien est à vous, et ne l'épargnez pas.
Quand on s'aime, et qu'on a pour but de chastes chaînes,
Tout le bien et le mal, les plaisirs et les peines,
Tout, entre deux amants, ne doit devenir qu'un.
Il faut mettre nos maux et nos biens en commun;
Et je veux avec vous courir même fortune.

MÉNECHME.

Je vous suis obligé de vous voir si commune :

Mais je n'userai point de la communauté
Que vous m'offrez, madame, avec tant de bonté.

ARAMINTE.

Mais je ne comprends point quels discours sont les vôtres.

FINETTE.

Bon! madame, il m'en a tantôt tenu bien d'autres.

VALENTIN, *bas, à Araminte.*

Dans ses discours, parfois, il est impertinent.

ARAMINTE.

Entrons donc pour dîner.

MÉNECHME.

Je ne puis maintenant;
J'ai quelque affaire ailleurs.

ARAMINTE.

J'ai tort de vous contraindre;
Mais de votre froideur j'ai sujet de tout craindre.

MÉNECHME.

Quel diantre de discours! Passez, et laissez-nous.
Je n'ai jamais senti ni froid ni chaud pour vous.

FINETTE.

Eh bien! peut-on plus loin porter l'impertinence?
Ferme, monsieur, ici poussez bien l'insolence;
Mais, ma foi, si jamais chez nous vous revenez,
Je vous fais de la porte un masque sur le nez.

MÉNECHME.

Quand j'irai, je consens, pour punir ma folie,
Que la porte sur moi se brise, et m'estropie.

ARAMINTE.
Mais d'où venez-vous donc? Ne me déguisez rien.
MÉNECHME.
Vous feignez l'ignorer; mais vous le savez bien.
N'avez-vous pas tantôt envoyé voir au coche
Qui je suis, d'où je viens, ou je vais?
ARAMINTE.
Quel reproche!
Et de quel coche ici me venez-vous parler?
MÉNECHME.
Du coche le plus rude où mortel puisse aller;
Et je ne pense pas que de Paris à Rome
Un autre, quel qu'il soit, cahote mieux son homme.
ARAMINTE.
Finette, il perd l'esprit.
FINETTE.
Il ne perd pas beaucoup.
Il faut assurément qu'il ait trop bu d'un coup;
C'est le vin qui le porte à ces extravagances.
MÉNECHME.
Je suis las, à la fin, de tant d'impertinences.
Des soins plus importants me mettent en souci:
C'est pour les terminer que l'on me voit ici,
Et non pas pour dîner avec des créatures
Qui viennent comme vous chercher des aventures.
ARAMINTE.
Des créatures! Ciel! quels termes sont-ce là?

FINETTE.

Des créatures! nous! Ah! madame, voilà
Les deux plus grands fripons...Si vous m'en voulez croire,
Frottons-les comme il faut, pour venger notre gloire.

MÉNECHME.

Doucement, s'il vous plaît : modérez votre ardeur.

FINETTE.

Je ne me suis jamais senti tant de vigueur.
J'aurai soin du valet; n'épargnez pas le maître.

VALENTIN, *se sauvant.*

De tout ce différent je ne veux rien connoître;
Et je ne prétends point me battre contre toi.
Si l'on vous brutalise, est-ce ma faute à moi?

ARAMINTE.

Que je suis malheureuse! et quelle est ma foiblesse
D'avoir à cet ingrat déclaré ma tendresse!
Finette, tu le sais; rien ne te fut caché.

FINETTE.

Perfide! scélérat! ton cœur n'est point touché?

MÉNECHME.

Là, là, consolez-vous. Si cet amour extrême
Est venu promptement, il passera de même.

ARAMINTE.

Va, n'attends plus de moi que haine et que rigueurs.

(Elle s'en va.)

MÉNECHME.

Bon! je me passerai fort bien de vos faveurs.

SCÈNE VI.

FINETTE, MÉNECHME, VALENTIN.

FINETTE, *à Ménechme.*

Ah! maudit renégat, le plus méchant du monde!
Que le ciel te punisse, et l'enfer te confonde!
Si nous avions bien fait nous t'aurions étranglé.
Il faut assurément qu'on l'ait ensorcelé;
Et ce n'est plus lui-même.

(*Finette sort, Ménechme la suit, et s'arrête à l'entrée d'une rue.*)

MÉNECHME, *à Finette et à Araminte qu'il suit des yeux.*

Adieu donc, mes princesses;
Choisissez mieux vos gens pour placer vos tendresses.

SCÈNE VII.

MÉNECHME, VALENTIN.

MÉNECHME, *revenant, à Valentin.*

Mais voyez quelle rage et quel déchaînement!
J'ai senti cependant un tendre mouvement;
Le diable m'a tenté. J'ai trouvé la suivante
D'un minois revenant, et fort appétissante.

VALENTIN.

Vous avez jusqu'au bout bravement combattu;
Et l'on ne peut assez louer votre vertu.

Mais entrons au plutôt dans cette hôtellerie,
Pour n'être plus en butte à quelque brusquerie.
Là, si vous me jugez digne de quelque emploi,
Vous pourrez m'occuper, et vous servir de moi.

MÉNECHME.

Je brûle cependant d'aller voir ma maîtresse ;
Un desir curieux plus que l'amour me presse.

VALENTIN.

Lorsque vous aurez fait un tour dans la maison,
Je vous y conduirai, si vous le trouvez bon.

MÉNECHME.

Adieu ; jusqu'au revoir.

SCÈNE VIII.

VALENTIN.

     Je vais trouver mon maître,
Savoir en quel état les choses peuvent être ;
S'il agit de sa part ; s'il a bon air en deuil.
Courage, Valentin ; ferme, bon pied, bon œil.

FIN DU SECOND ACTE.

ACTE TROISIÈME.

SCÈNE I.

LE CHEVALIER, *vêtu en deuil;* VALENTIN.

VALENTIN.
Rien n'est plus surprenant, et votre ressemblance
Avec votre jumeau passe la vraisemblance.
Vous et lui, ce n'est qu'un : étant vêtu de deuil,
Il n'est homme à présent dont vous ne trompiez l'œil.
On ne peut distinguer qui des deux est mon maître;
Et moi, votre valet, j'ai peine à vous connoître.
Pour ne pas m'y tromper, souffrez que de ma main
Je vous attache ici quelque signe certain.
Donnez-moi ce chapeau.
LE CHEVALIER.
     Qu'en prétends-tu donc faire?
VALENTIN, *mettant une marque au chapeau.*
Vous marquer de ma marque, ainsi que votre père,
Pour vous mieux distinguer, faisoit fort prudemment.
LE CHEVALIER.
Tu veux rire, je crois?
VALENTIN.
    Je ne ris nullement;

Et je pourrois fort bien le premier m'y méprendre.
LE CHEVALIER.
Le notaire à ces traits s'est déja laissé prendre :
Il m'a reçu d'abord d'un accueil obligeant,
Et dans une heure il doit me compter mon argent.
VALENTIN.
Quoi! monsieur, il vous doit compter toute la somme,
Soixante mille écus?
LE CHEVALIER.
Tout autant.
VALENTIN.
L'honnête homme!
D'autres à ce jumeau se sont déja mépris.
Pour vous, en ce lieu même, Araminte l'a pris,
Et chez elle à dîner a voulu l'introduire.
Lui, surpris, interdit, et ne sachant que dire,
Croyant qu'elle tendoit un piége à sa vertu,
L'a brusquement traitée : il s'est presque battu;
Et, si je n'avois pas apaisé la querelle,
Il seroit arrivé mort d'homme ou de femelle.
LE CHEVALIER.
Mais n'a-t-il point sur moi quelques soupçons naissants?
VALENTIN.
Quel soupçon voulez-vous qu'il ait? Depuis vingt ans
Il vous croit trop bien mort; et jamais, quoi qu'on ose,
Il ne peut du vrai fait imaginer la cause.
LE CHEVALIER.
L'aventure est plaisante, et j'en ris à mon tour.

Mais voyons le beau-père, et servons notre amour.
Heurte vite.

(*Valentin va frapper à la porte de Démophon, qui sort.*)

SCÈNE II.

DÉMOPHON, LE CHEVALIER, VALENTIN.

VALENTIN, *à Démophon.*

Êtes-vous, monsieur, un honnête homme
Appelé Démophon?

DÉMOPHON.

C'est ainsi qu'on me nomme.

VALENTIN.

Je me réjouis fort de vous avoir trouvé.
Voilà mon maître ici fraîchement arrivé,
Qui se nomme Ménechme, et qui vient de Péronne
À dessein d'épouser votre fille en personne.

DÉMOPHON, *au chevalier.*

Ah! monsieur, permettez que cet embrassement
Vous fasse voir l'excès de mon contentement.

LE CHEVALIER.

Souffrez aussi, monsieur, qu'une pareille joie
Dans cet embrassement à vos yeux se déploie,
Et que tout le respect ici vous soit rendu
Que doit à son beau-père un gendre prétendu.

336 LES MÉNECHMES.

DÉMOPHON.

Votre taille, votre air, votre esprit, tout m'enchante;
Et mon ame seroit entièrement contente,
Si votre oncle défunt, que je voyois souvent,
Pour voir cette alliance étoit encor vivant.

LE CHEVALIER.

Ah! monsieur, n'allez pas rappeler de sa cendre
Un oncle que j'aimois d'une amitié bien tendre.
Ce garçon vous dira l'excès de mes douleurs,
Et combien à sa mort j'ai répandu de pleurs.

VALENTIN.

Qu'à son ame le ciel fasse miséricorde!
Mais nous parler de lui, c'est toucher une corde
Bien triste... et qui pourroit... Mais il étoit bien vieux.

DÉMOPHON.

Mais point trop : nous étions de même âge tous deux,
Cinquante ans environ.

VALENTIN.

Ce mot se peut entendre
En diverses façons, suivant qu'on le veut prendre.
Je dis qu'il étoit vieux pour son peu de santé;
Il se plaignoit toujours de quelque infirmité.

DÉMOPHON.

Point du tout; et je crois que, dans toute sa vie,
Il ne fut attaqué que de la maladie
Qui causa de sa mort le funeste accident.

LE CHEVALIER.

C'étoit un corps de fer.

ACTE III, SCÈNE II.

VALENTIN.
                    Il est vrai... cependant...
LE CHEVALIER, *bas, à Valentin.*
Tais-toi donc.

DÉMOPHON.
                    Ce discours peut rouvrir votre plaie ;
Prenons une matière et plus vive et plus gaie.
Vous allez voir ma fille ; et j'ose me flatter
Que son air et ses traits pourront vous contenter.

LE CHEVALIER.
Il faudra que pour moi le devoir sollicite :
Je compte, en vérité, bien peu sur mon mérite.

DÉMOPHON.
Vous avez très grand tort, vous devez y compter,
Et du premier coup d'œil vous saurez l'enchanter.
Je me connois en gens, croyez-en ma parole ;
Et de plus Isabelle est une cire molle
Que je forme et pétris comme il me prend plaisir.
Quand vous ne seriez pas au gré de son desir
(Ce qui me tromperoit bien fort), je suis son père.
Et, pour voir à mes lois combien elle défère,
Mettez-vous à l'écart, je m'en vais l'appeler ;
Et, sans être aperçu, vous l'entendrez parler.
                    (Il entre chez lui.)

SCÈNE III.

LE CHEVALIER, VALENTIN.

LE CHEVALIER.

Laisse-moi seul ici; va-t'en trouver mon frère:
Empêche-le sur-tout d'aller chez le notaire;
C'est le point principal.

VALENTIN.

J'en demeure d'accord;
Mais je ne pourrai pas, dans son ardent transport,
L'empêcher de venir ici voir sa maîtresse:
Ainsi je suis d'avis, quelque ardeur qui vous presse,
Que vous soyez succinct en discours amoureux.

LE CHEVALIER.

Va vite: je ne suis qu'un moment en ces lieux.

SCÈNE IV.

DÉMOPHON, ISABELLE; LE CHEVALIER,
à l'écart.

DÉMOPHON.

Isabelle, approchez.

ISABELLE.

Que voulez-vous, mon père?

DÉMOPHON.

Vous dire quatre mots, et vous parler d'affaire.
Un homme de province, assez bien fait pourtant,

ACTE III, SCÈNE IV.

Doit pour vous épouser arriver à l'instant.
ISABELLE, *à part.*
Qu'entends-je?
DÉMOPHON.
Ce parti vous est fort convenable.
La naissance, le bien, tout m'est très agréable;
Et la personne aussi sera de votre goût.
ISABELLE.
Mon père, sans pousser ce discours jusqu'au bout,
Permettez-moi de dire, avecque déférence,
Et sans vouloir pour vous manquer d'obéissance,
Que je ne prétends point me marier.
DÉMOPHON.
Comment?
D'où vous vient pour l'hymen ce brusque éloignement?
Vous n'avez pas tenu toujours un tel langage.
ISABELLE.
Il est vrai; mais enfin l'esprit vient avec l'âge.
J'en connois les dangers. Aujourd'hui les époux
Sont tous, pour la plupart, inconstants ou jaloux;
Ils veulent qu'une femme épouse leurs caprices:
Les plus parfaits sont ceux qui n'ont que peu de vices.
DÉMOPHON.
Celui-ci te plaira, quand tu l'auras connu.
ISABELLE.
Quel qu'il soit, je le hais avant de l'avoir vu:
Il suffit que ce soit un homme de province;
Et je n'en voudrois pas, quand ce seroit un prince.

LE CHEVALIER, *se montrant.*

Madame, il ne faut pas si fort se déchaîner
Contre le malheureux que l'on veut vous donner :
Si vous le haïssez, il s'en peut trouver d'autres
De qui les sentiments diffèreront des vôtres.

ISABELLE, *à part.*

Que vois-je? juste ciel! et quel étonnement!
C'est Ménechme, grands dieux! c'est lui, c'est mon amant.

DÉMOPHON, *au chevalier.*

Je suis au désespoir qu'un dégoût téméraire
Ait rendu son esprit à mes lois si contraire :
Mais je l'obligerai, si vous le souhaitez...

LE CHEVALIER.

Non; ne contraignons point, monsieur, ses volontés :
J'aimerois mieux mourir que d'obliger madame
A faire quelque effort qui contraignît son ame.

DÉMOPHON.

Regarde le parti qui t'étoit destiné ;
Un époux fait à peindre, un jeune homme bien né,
Dont l'esprit est égal au bien, à la naissance.

LE CHEVALIER.

J'avois tort de porter si haut mon espérance.

ISABELLE.

Quoi! c'est là le parti que vous me proposiez?

DÉMOPHON.

Eh! oui, si dans mon choix vous ne me traversiez,
Si votre sot dégoût et vos folles pensées
Ne rompoient mes desseins et toutes mes visées.

ACTE III, SCÈNE IV.

ISABELLE.

À ne vous point mentir, depuis que je l'ai vu,
Mon cœur n'est plus si fort contre lui prévenu.

DÉMOPHON.

Vous voyez ce que fait l'autorité d'un père.

LE CHEVALIER.

Vous n'avez plus pour moi cette haine sévère,
Et votre œil sans dédain s'accoutume à me voir?

ISABELLE.

Mon père me l'ordonne, et je suis mon devoir.

SCÈNE V.

ARAMINTE, LE CHEVALIER, DÉMOPHON, ISABELLE.

ARAMINTE, *au chevalier.*

Ah! te voilà donc, traître! Avec quelle impudence
Oses-tu dans ces lieux soutenir ma présence!
Après m'avoir traitée avec indignité,
Ne crains-tu point l'effet de mon cœur irrité?

LE CHEVALIER.

Madame, je ne sais ce que vous voulez dire;
Et ce brusque discours a de quoi m'interdire.
Vous me prenez ici pour un autre, je croi.
Quel sujet auriez-vous de vous plaindre de moi?

ARAMINTE.

Tu feins de l'ignorer, ame double et traîtresse!

Tu m'abusois, hélas! d'une feinte tendresse;
Et moi, de bonne foi, je te donnois mon cœur,
Sans connoître le tien et toute sa noirceur.

LE CHEVALIER.

Vous m'honorez vraiment par-delà mes mérites;
Mais je ne comprends rien à tout ce que vous dites.

DÉMOPHON.

Ma foi, ni moi non plus. Mais dites-moi, ma sœur,
À quoi tend ce discours? Quelle bizarre humeur...

LE CHEVALIER, *à Démophon.*

Madame est votre sœur?

DÉMOPHON.

Oui, monsieur, dont j'enrage;
De plus ma sœur aînée, et n'en est pas plus sage.
(*à Araminte.*)
Quel caprice nouveau; quel démon, dis-je, enfin,
Vous oblige à venir, en faisant le lutin,
Scandaliser ici monsieur, qui, de sa vie,
Ne vous vit, ni connut, et n'en a nulle envie?

ARAMINTE.

Il ne me connoît pas! Vous êtes fou, je crois!
Depuis plus de deux ans l'ingrat vit sous mes lois.
Il a fait de mon bien un assez long usage:
J'ai fait à mes dépens son dernier équipage;
Et, si de ses malheurs je n'avois eu pitié,
Il auroit tout au long fait la campagne à pied.

DÉMOPHON, *bas, au chevalier.*

Je vous le disois bien qu'elle étoit un peu folle.

LE CHEVALIER, *bas, à Démophon.*
Elle y vise assez.
DÉMOPHON, *bas, au chevalier.*
Oh! j'en donne ma parole.
LE CHEVALIER.
Je ne veux pas ici m'exposer plus long-temps
A m'entendre tenir des discours insultants.
À madame à présent je quitte la partie;
Je reviendrai sitôt qu'elle sera partie.
DÉMOPHON, *bas, au chevalier.*
Ne vous arrêtez point à tout ce qu'elle dit:
Il faut s'accommoder à son bizarre esprit.
LE CHEVALIER.
Pour un moment, monsieur, souffrez que je vous quitte;
Je reviens sur mes pas achever ma visite.
(*Il s'en va.*)
ARAMINTE, *au chevalier.*
Ne crois pas m'échapper.

SCÈNE VI.

ARAMINTE, DÉMOPHON, ISABELLE.

ARAMINTE, *revenant sur ses pas.*
Je connois vos desseins:
Vous voudriez tous deux l'arracher de mes mains;
Mais je veux l'épouser en dépit de la fille,

Du père, des parents, de toute la famille,
En dépit de lui-même, et de moi-même aussi.
(*Elle sort.*)

SCÈNE VII.

DÉMOPHON, ISABELLE.

DÉMOPHON.

Quel vertigo l'agite, et l'a conduite ici?
Toujours de plus en plus son cerveau se démonte.

ISABELLE.

Il est vrai que souvent pour elle j'en ai honte.

DÉMOPHON.

Je crains que cette femme, avec sa brusque humeur,
Ne soit venue ici causer quelque malheur.

SCÈNE VIII.

MÉNECHME, VALENTIN, DÉMOPHON, ISABELLE.

VALENTIN, *à Ménechme, dans le fond.*
Oui, monsieur, les voilà, la fille avec le père:
Vous pouvez avec eux parler de votre affaire.

DÉMOPHON, *allant à Ménechme qu'il prend pour le chevalier.*
Ah! monsieur, pour ma sœur, et pour sa vision,

ACTE III, SCÈNE VIII.

Il faut, ma fille et moi, vous demander pardon.
Vous savez bien qu'il est, en femmes comme en filles,
Des esprits de travers dans toutes les familles.

MÉNECHME.

Oui, monsieur.

DÉMOPHON.

Vous voilà promptement de retour!
J'en suis ravi.

MÉNECHME.

Je viens vous donner le bonjour,
Et par même moyen, amant tendre et fidéle,
Épouser une fille appelée Isabelle,
Dont vous êtes le père, à ce que chacun dit.
En peu de mots, voilà tout ce qui me conduit.

DÉMOPHON.

Je vous l'ai déja dit, et je vous le répéte,
Combien de ce parti mon ame est satisfaite :
Ma fille en est contente; elle vous a fait voir
Qu'elle suit maintenant l'amour et le devoir.
Elle a senti d'abord un peu de répugnance;
Mais, vous voyant, son cœur n'a plus fait de défense.

MÉNECHME.

Nous nous sommes donc vus quelquefois?

DÉMOPHON.

À l'instant,
Vous sortez d'avec elle, et paroissiez content.

MÉNECHME.

Moi! je sors d'avec elle?

DÉMOPHON.

Oui, sans doute, vous-même :
Nous avions de vous voir une alégresse extrême,
Quand ma sœur est venue, avec ses sots discours,
De notre conférence interrompre le cours.
Se peut-il que sitôt vous perdiez la mémoire?

MÉNECHME.

Nous rêvons, vous ou moi. Quoi! vous me ferez croire
Que j'ai vu votre fille? En quel temps? comment? où?

DÉMOPHON.

Tout-à-l'heure, en ces lieux.

MÉNECHME.

Allez, vous êtes fou :
C'est me faire passer pour un visionnaire;
Et ce début, tout franc, ne me satisfait guère.
Quoi qu'il en soit enfin, à présent je la vois;
Que ce soit la première ou la seconde fois,
Il importe fort peu pour notre mariage.

DÉMOPHON, *bas.*

Cet homme dans l'abord me paroissoit plus sage.

MÉNECHME.

Madame, on m'a vanté, par écrit, vos appas :
J'en suis assez content; mais j'en fais peu de cas,
Quand l'esprit ne va pas de pair avec les charmes.
C'est à vous là-dessus à guérir mes alarmes :
J'en dirai mon avis, quand vous aurez parlé.

ISABELLE, *à part.*

Je ne le connois plus; son esprit s'est troublé.

ACTE III, SCÈNE VIII.

MÉNECHME.

J'aime les gens d'esprit plus que personne en France;
J'en ai du plus brillant, et le tout sans science.
Je trouve que l'étude est le parfait moyen
De gâter la jeunesse, et n'est utile à rien:
Aussi je n'ai jamais mis le nez dans un livre;
Et quand un gentilhomme, en commençant à vivre,
Sait tirer en volant, boire, et signer son nom,
Il est aussi savant que défunt Cicéron.

DÉMOPHON.

Prendrez-vous une charge à la cour, à l'armée?

MÉNECHME.

Mon ame dans ce choix est indéterminée.
La cour auroit pour moi d'assez puissants appas,
Si la sujétion ne me fatiguoit pas.
La guerre me feroit d'ailleurs assez d'envie,
Si des gens bien versés en l'art d'astrologie
Ne m'avoient assuré que je vivrai cent ans:
Or, comme les guerriers vont peu jusqu'à ce temps,
Quoique mon nom fameux pût voler dans l'Europe,
Je veux, si je le puis, remplir mon horoscope.
Oh! j'aime à vivre, moi.

VALENTIN.

       Vous êtes de bon sens.

ISABELLE, *bas*.

Quel discours! quel travers! Est-ce lui que j'entends?

MÉNECHME.

Qu'avez-vous, s'il vous plaît? Vous paroissez surprise,

Comme si je disois ici quelque sottise.
Vous avez bien la mine, et soit dit entre nous,
De faire peu de cas des leçons d'un époux.

ISABELLE.

Je sais à quel devoir l'état de femme engage.

MÉNECHME.

Jusqu'ici je vous crois et vertueuse et sage;
Cependant ce regard amoureux et fripon
Pour le temps à venir ne me dit rien de bon :
J'en tire un argument, sans être philosophe,
Que vous me réservez à quelque catastrophe.
Plaît-il? Qu'en dites-vous?

DÉMOPHON.

               Monsieur, ne craignez rien;
Isabelle toujours doit se porter au bien.

ISABELLE.

Ciel! peut-on me tenir de tels discours en face?
Mon père, permettez que je quitte la place :
Monsieur me flatte trop; ses tendres compliments
Me font connoître assez quels sont ses sentiments.

(*Elle sort.*)

SCÈNE IX.

DÉMOPHON, MÉNECHME, VALENTIN.

DÉMOPHON, *à part.*

Mon gendre avoit d'abord de plus belles manières.

ACTE III, SCÈNE IX.

MÉNECHME.

Les filles n'aiment pas les hommes si sincères.

VALENTIN.

Vous ne les flattez pas.

MÉNECHME.

Oh! parbleu, je suis franc.
Femme, maîtresse, ami, tout m'est indifférent;
Je ne me contrains pas, et dis ce que je pense.

DÉMOPHON.

C'est bien fait. Vous aurez, je crois, la complaisance
De ne plus demeurer autre part que chez moi?

MÉNECHME.

Je reçois cette grace ainsi que je le doi:
Mais il faut...

DÉMOPHON.

Vous souffrir en une hôtellerie!
Ce seroit un affront...

MÉNECHME.

Laissez-moi, je vous prie,
Pour quelque temps encor vivre à ma liberté.

DÉMOPHON.

Soit. Je vais travailler à l'hymen projeté.
(à part.)
Mon gendre prétendu me paroît bien sauvage;
Mais le bien qu'il apporte est un grand avantage.

SCÈNE X.

MÉNECHME, VALENTIN.

MÉNECHME.

J'ai donc vu là l'objet dont je serai l'époux?

VALENTIN.

Oui, monsieur, le voilà.

MÉNECHME.

Tout franc, qu'en dites-vous?

VALENTIN.

Mais, si vous souhaitez que je parle sans feinte,
De ses perfections je n'ai pas l'ame atteinte.

MÉNECHME.

Ma foi, ni moi non plus.

SCÈNE XI.

M. COQUELET, MÉNECHME, VALENTIN.

VALENTIN, *à part.*

Quel surcroît d'embarras!
Un de nos créanciers tourne vers nous ses pas :
C'est le marchand fripier qui nous rend sa visite.

M. COQUELET, *à Ménechme, qu'il prend pour le chevalier.*

De mon petit devoir humblement je m'acquitte.
J'ai ce matin, monsieur, appris votre retour,

ACTE III, SCÈNE XI.

Et je viens des premiers vous donner le bonjour.
Nous étions tous pour vous dans une peine extrême;
Car dans notre maison tout le monde vous aime,
Moi, ma fille, ma femme; elles trembloient de peur
Qu'il ne vous arrivât quelque coup de malheur.

MÉNECHME.

M'aimer sans m'avoir vu! voilà de bonnes ames!
Je n'aurois jamais cru tant être aimé des femmes!

M. COQUELET.

Nous le devons, monsieur, pour plus d'une raison:
Vous êtes dès long-temps ami de la maison.

MÉNECHME, *bas, à Valentin.*

Quel est cet homme-là?

VALENTIN, *bas, à Ménechme.*

C'est un visionnaire,
Une espèce de fou, d'un plaisant caractère,
Qui s'est mis dans l'esprit que tous les gens qu'il voit
Sont de ses débiteurs, et veut que cela soit :
C'est sa folie enfin : il n'aborde personne
Qu'un mémoire à la main; et déja je m'étonne
Qu'il ne vous ait point fait quelque sot compliment.

MÉNECHME, *bas, à Valentin.*

Sa folie est nouvelle, et rare assurément.

M. COQUELET.

Votre bonne santé plus que l'on ne peut croire
Me charme et me ravit. Voici certain mémoire
Qu'avant votre départ je vous fis arrêter,
Et que vous me paierez, je crois, sans contester.

VALENTIN, *bas, à Ménechme.*

Que vous avois-je dit?

M. COQUELET.

J'ai, pendant votre absence,
Obtenu contre vous certain mot de sentence,
Et par corps.

MÉNECHME.

Et par corps?

M. COQUELET.

Mais, bénin créancier,
J'ai différé toujours d'en charger un huissier;
De poursuites, d'exploits, il vous romproit la tête.

MÉNECHME.

Mais vous êtes vraiment trop bon et trop honnête!
Comment vous nomme-t-on?

M. COQUELET.

Oh! vous le savez bien.

MÉNECHME.

Je veux être un maraud, si j'en sus jamais rien.

M. COQUELET.

Pourriez-vous oublier...

VALENTIN, *prenant M. Coquelet à part.*

Ignorez-vous encore
Le mal qui le possède?

M. COQUELET, *à Valentin.*

Oui, vraiment, je l'ignore.

VALENTIN, *à part, à M. Coquelet.*

Sa mémoire est perdue; il ne se souvient plus

ACTE III, SCÈNE XI.

Ni de ce qu'il a fait, ni des gens qu'il a vus.
Ainsi, de lui parler du passé, c'est folie.
Son nom même, son nom, bien souvent il l'oublie.

M. COQUELET, *à part, à Valentin.*

Ciel! que me dites-vous? quel triste événement!
Et comment se peut-il qu'à son âge...

VALENTIN, *bas.*

Comment?
On l'a mis, à la guerre, en une batterie
D'où le canon tiroit avec tant de furie,
Qu'il s'est fait dans sa tête une commotion
Qui de son souvenir empêche l'action.
De son foible cerveau... la membrane trop tendre...
Oh! l'effet du canon ne sauroit se comprendre.

M. COQUELET, *à Ménechme.*

Je plains bien le malheur qui vous est survenu;
Mais je puis assurer que le tout m'est bien dû.
Vous savez...

MÉNECHME.

Oui, je sais, sans en faire aucun doute,
Et vois que la raison est chez vous en déroute.

M. COQUELET.

Monsieur, souvenez-vous que ce sont des habits
Qu'à votre régiment l'an passé je fournis.

MÉNECHME.

Mon régiment, à moi? Cherchez ailleurs vos dettes,
Et je n'ai pas le temps d'entendre vos sornettes :
Vous êtes un vieux fou.

M. COQUELET.

Je suis marchand fripier:
Mon nom est Coquelet, syndic, et marguillier.
Si vous avez perdu, par malheur, la mémoire,
Les articles sont tous contenus au mémoire.
(*Il lui donne son mémoire.*)

MÉNECHME.

Tiens, voilà ton mémoire, et comme j'en fais cas.
(*Il déchire le mémoire, et lui jette les morceaux au visage.*)

VALENTIN, *à Ménechme.*

Ah! monsieur, contre un fou ne vous emportez pas.

M. COQUELET, *ramassant les morceaux.*

Déchirer un billet!... le jeter à la face!...
Vous êtes un fripon.

MÉNECHME.

Un fripon! moi?

VALENTIN, *se mettant entre deux.*

De grace...

M. COQUELET.

Je vous ferai bien voir...

VALENTIN, *à M. Coquelet.*

Sans faire tant de bruit,
Plaignez plutôt l'état où le sort l'a réduit.

M. COQUELET.

Un mémoire arrêté!

VALENTIN, *à M. Coquelet.*

Ne faites point d'affaires.

ACTE III, SCÈNE XI.

M. COQUELET.

C'est un crime effroyable et digne des galères.

MÉNECHME, *à Valentin.*

Laissez-moi lui couper le nez.

VALENTIN, *à Ménechme.*

Laissez-le aller:
Que feriez-vous, monsieur, du nez d'un marguillier?
(*à M. Coquelet.*)
Vous causerez ici quelque accident funeste.

M. COQUELET.

Je veux être payé; je me moque du reste.

VALENTIN, *à M. Coquelet.*

Partez, monsieur, partez. Voulez-vous de nouveau,
Par vos cris redoublés, ébranler son cerveau?

M. COQUELET.

Oui, je pars; mais peut-être, avant qu'il soit une heure,
Je lui ferai changer de ton et de demeure.
Serviteur.

SCÈNE XII.

MÉNECHME, VALENTIN.

VALENTIN.

Contre un fou falloit-il vous fâcher?

MÉNECHME.

De quoi s'avise-t-il de me venir chercher,
Pour être le plastron de ses impertinences?
Qu'il prenne un autre champ pour ses extravagances.

Allons chez mon notaire, et ne différons plus.

VALENTIN.

Présentement, monsieur, nos pas seroient perdus :
Il n'est pas chez lui; mais bientôt il doit s'y rendre.
Dans peu, pour l'aller voir, je reviendrai vous prendre.
Certain devoir pressant m'appelle à quatre pas.

MÉNECHME.

Je vous attendrai donc : allez, ne tardez pas.
Je m'en vais un moment tranquilliser ma bile.
Tout est devenu fou, je crois, dans cette ville.
Ma foi, de tous les gens que j'ai vus aujourd'hui,
Je n'ai trouvé que moi de raisonnable, et lui.

(*Il sort.*)

SCÈNE XIII.

VALENTIN.

Je prétends l'observer autour de cette place.
Le poisson, de lui-même, entre dans notre nasse :
Tout succède à mes vœux; et j'espère, en ce jour,
Servir utilement la fortune et l'amour.

FIN DU TROISIÈME ACTE.

ACTE QUATRIÈME.

SCÈNE I.

VALENTIN.

J'ai toujours observé cette porte de vue;
Personne du logis n'est sorti dans la rue :
Mon maître a tout le temps de toucher son argent.
Je reviens dans ce lieu, ministre diligent,
De crainte que notre homme, allant chez le notaire,
Ne fasse encor trop tôt découvrir le mystère.
Déja d'un créancier il m'a débarrassé.
Je ris, lorsque je pense à ce qui s'est passé :
Je les ai mis aux mains d'une ardeur assez vive.
Parbleu, vive les gens pleins d'imaginative!

SCÈNE II.

FINETTE, VALENTIN.

VALENTIN.

Mais j'aperçois Finette; et mon cœur amoureux
Se sent, en la voyant, brûler de nouveaux feux.

FINETTE.

Je cherche ici ton maître.

VALENTIN.

En attendant qu'il vienne,
Souffre que mon amour un moment t'entretienne,
Et que j'offre mon cœur à tes charmants attraits.

FINETTE.

Porte ailleurs tes présents; ne me parle jamais.
Ton maître m'a traitée avec tant d'insolence,
Qu'il faut sur le valet que j'en prenne vengeance.
M'appeler créature!

VALENTIN.

Ah! cela ne vaut rien.
Il est dur quelquefois et brutal comme un chien.

FINETTE.

J'ai de ses vilains mots l'oreille encor blessée;
Et ma maîtresse en est si fort scandalisée,
Que, rompant avec lui désormais tout-à-fait,
Je viens lui demander et lettres et portrait.

VALENTIN.

Pour les lettres, d'accord; c'est un dépôt stérile,
Dont la garde, à mon sens, est assez inutile:
Mais pour le portrait d'or, attendu le métal,
Le cas, à mon avis, ne paroît pas égal.
Quand le besoin d'argent nous presse et nous harcelle,
Tu sais, ma pauvre enfant, qu'on troque la vaisselle.

FINETTE.

Pourroit-on d'un portrait faire si peu de cas?

VALENTIN.

Nous nous sommes trouvés dans de grands embarras.

Mais, depuis quelque temps, un oncle, un honnête homme
(À peine pouvons-nous dire comme il se nomme),
A bien voulu descendre aux ténébreux manoirs,
Pour nous mettre à notre aise, et nous faire ses hoirs;
Soixante mille écus d'argent sec et liquide
Ont mis notre fortune en un vol bien rapide.

FINETTE.

Ah ciel! que me dis-tu?

VALENTIN.

    Je dis la vérité.

FINETTE.

Quoi! dans si peu de temps vous auriez hérité?

VALENTIN.

Bon! nous avons appris le mal de ce bon-homme,
La mort, le testament, et reçu notre somme,
Dans le temps que tu mets à me le demander.
Mon maître est diablement habile à succéder.

FINETTE.

Oh! je n'en doute point.

VALENTIN.

    Sois-en juge toi-même.
Tu vois bien qu'il feroit une sottise extrême,
S'il se piquoit encor d'avoir des feux constants.
Il faut bien, dans la vie, aller selon le temps.

FINETTE.

Nous nous passerons bien d'amants tels que vous êtes.

VALENTIN.

À son exemple aussi je quitte les soubrettes :

Mon amour veut dompter des cœurs d'un plus haut rang ;
Je prends un vol plus fier, et suis haussé d'un cran.
Mes mains de cet argent seront dépositaires ;
Et je vais me jeter, je crois, dans les affaires.
FINETTE.
Dans les affaires, toi ?
VALENTIN.
Devant qu'il soit deux ans,
Je veux que l'on me voie, avec des airs fendants,
Dans un char magnifique allant à la campagne,
Ébranler les pavés sous six chevaux d'Espagne.
Un Suisse à barbe torse, et nombre de valets,
Intendants, cuisiniers, rempliront mon palais :
Mon buffet ne sera qu'or et que porcelaine ;
Le vin y coulera comme l'eau dans la Seine :
Table ouverte à dîner ; et les jours libertins,
Quand je voudrai donner des soupers clandestins,
J'aurai, vers le rempart, quelque réduit commode,
Où je régalerai les beautés à la mode,
Un jour l'une, un jour l'autre ; et je veux, à ton tour,
Et devant qu'il soit peu, t'y régaler un jour.
FINETTE.
J'en suis d'avis.
VALENTIN.
Pour toi ma tendresse est extrême.
Mais quelqu'un vient ici.

SCÈNE III.

MÉNECHME, VALENTIN, FINETTE.

VALENTIN.
C'est Ménechme lui-même.
(*à Ménechme.*)
À vos ordres, monsieur, vous me voyez rendu.
MÉNECHME, *à Valentin.*
Vous m'avez, en ce lieu, quelque temps attendu;
Mais j'ai cherché long-temps un papier nécessaire
Pour aller promptement finir chez le notaire.
FINETTE, *à Ménechme, qu'elle prend pour le chevalier.*
Ma maîtresse, rompant avec vous tout-à-fait,
M'envoie ici, monsieur, demander son portrait,
Ses lettres, ses bijoux. En nous rendant les nôtres,
Elle m'a commandé de vous rendre les vôtres.
Les voilà.
(*Elle tire de sa poche une boîte à portrait, et un paquet de lettres.*)
MÉNECHME, *à Finette.*
Tout ceci doit-il durer long-temps?
FINETTE.
C'est l'usage parmi tous les honnêtes gens:
Quand il est survenu rupture ou brouillerie,

Et que de se revoir on n'a plus nulle envie,
On se rend l'un à l'autre et lettres et portraits.
MÉNECHME.
C'est l'usage?
FINETTE.
Oui, monsieur; on n'y manque jamais.
Ce garçon vous dira que cela se pratique,
Lorsque de savoir vivre et de monde on se pique.
VALENTIN.
Pour moi, dans pareil cas, toujours j'en use ainsi.
MÉNECHME.
Savez-vous bien, ma mie, enfin que tout ceci
M'ennuie étrangement, me lasse et me fatigue;
Et que, pour vous payer de toute votre intrigue,
Vous pourriez bien sentir ce que pèse mon bras.
FINETTE.
Mort non pas de mes jours! ne vous y jouez pas.
Voilà votre portrait, et rendez-nous le nôtre.
MÉNECHME.
Mon portrait! qu'est-ce à dire?
FINETTE.
Oui, sans doute, le vôtre,
Que ma maîtresse prit en vous donnant le sien.
MÉNECHME.
J'ai donné mon portrait à ta maîtresse?
FINETTE.
Eh bien!
Allez-vous dire encor que ce sont là des fables,

ACTE IV, SCÈNE III.

Et que rien n'est plus faux?

MÉNECHME.

Oui, de par tous les diables,
Je le dis, le soutiens, et je le soutiendrai.

FINETTE.

Quoi! vous pourriez jurer, monsieur...

MÉNECHME.

J'en jurerai.
Je ne me suis jamais ni fait graver, ni peindre.

FINETTE, *à part.*

Ah, l'abominable homme!

VALENTIN, *bas, à Ménechme.*

Il n'est plus temps de feindre;
Si vous l'avez reçu, dites-le sans façon:
C'est pousser assez loin votre discrétion.

MÉNECHME, *à Valentin.*

Je ne sais ce que c'est, ou l'enfer me confonde!

FINETTE.

Votre portrait n'est pas dans cette boîte ronde?

MÉNECHME.

Non, à moins que le diable, à me nuire obstiné,
Ne l'ait peint de sa main, et ne vous l'ait donné.

FINETTE, *à part.*

Quelle audace! quel front! Mais je veux le confondre.
Voyons à ce témoin ce qu'il pourra répondre.
   (*Elle ouvre la boîte, et en montre le portrait à Mé-
      nechme.*)
Eh bien! connoissez-vous ce visage et ces traits?

MÉNECHME, *considérant le portrait.*
Comment diable! c'est moi! Qui l'eût pensé jamais?
Ce sont mes yeux, mon air.
VALENTIN, *prenant le portrait.*
Voyons donc, je vous prie;
Mettons l'original auprès de la copie.
Par ma foi, c'est vous-même; et vous voilà parlant:
Jamais peintre ne fit portrait si ressemblant.
MÉNECHME, *à part.*
Il entre là-dessous quelque sorcellerie;
Ou du moins j'entrevois quelque friponnerie.
Vous verrez qu'en venant par le coche, à leurs frais,
Ces deux coquines-là m'auront fait peindre exprès,
Pour me jouer ici quelque noir stratagème.
FINETTE, *à Ménechme.*
Finissons, s'il vous plaît.
MÉNECHME.
Oh! finissez vous-même.
Allez apprendre ailleurs à connoître vos gens,
Et ne me rompez point la tête plus long-temps.
FINETTE.
Rendez donc le portrait.
MÉNECHME.
De qui?
FINETTE.
De ma maîtresse.
MÉNECHME, *la prenant par les épaules.*
Je ne sais ce que c'est. Passe vite, et me laisse.

ACTE IV, SCÈNE III.

FINETTE.

Savez-vous bien qu'avant de partir de ces lieux
Je pourrois bien, monsieur, vous arracher les yeux?

VALENTIN, *bas, à Ménechme.*

Pour éviter, monsieur, de plus longue querelle,
Rendez-lui son portrait, et vous défaites d'elle.
Vous savez ce que c'est qu'une amante en courroux :
Les enfers déchaînés seroient cent fois plus doux.

MÉNECHME.

Mais, quand elle seroit mille fois plus diablesse,
Je ne la connois point, elle, ni sa maîtresse.

VALENTIN, *bas, à Finette.*

Quoi qu'il dise, l'amour lui tient encore au cœur :
Je vais le ramener un peu par la douceur.
Tu reviendras tantôt : je te ferai tout rendre.

FINETTE.

Eh bien! jusqu'à ce temps je veux encore attendre;
Mais, si l'on manque après à me faire raison,
Je reviens, et je mets le feu dans la maison.

SCÈNE IV.

MÉNECHME, VALENTIN.

MÉNECHME.

Mais peut-on sur les gens être tant acharnée?
Pour me persécuter l'enfer l'a déchaînée.

VALENTIN.

Quand on est, comme vous, jeune, aimable et bien fait,

À ces petits malheurs on est souvent sujet.
Entre amants, tel dépit n'est qu'une bagatelle;
Je veux, dès aujourd'hui, vous remettre avec elle.

SCÈNE V.

LE MARQUIS, VALENTIN, MÉNECHME.

VALENTIN, *à part.*

Mais je vois le marquis; il tourne ici ses pas.
Les cent louis nous vont donner de l'embarras.

LE MARQUIS, *embrassant vivement Ménechme, qu'il prend pour le chevalier.*

Eh! cadédis, mon cher, quelle hureuse fortune!
Qué jé t'embrasse... encore... et millé fois pour une.
Quelqué contentément que j'aie à té révoir,
Régardé-moi; jé suis outré dé désespoir;
Lé jour mé scandalise, et voudrois contré quatre,
Pour terminer mon sort, trouver sul à mé battre.

MÉNECHME.

Monsieur, je suis fâché de vous voir en courroux;
Mais je n'ai pas le temps de me battre avec vous.

LE MARQUIS.

Un coup dé pistolet mé séroit coup dé grace;
Jé voudrois qué quelqu'un m'écrasât sur la place.

MÉNECHME, *à part, à Valentin.*

Quel est ce Gascon-là?

ACTE IV, SCÈNE V.

VALENTIN, *bas, à Ménechme.*

C'est un de vos amis,
Sans doute, et des plus chers.

MÉNECHME, *bas, à Valentin.*

Jamais je ne le vis.

LE MARQUIS.

Jé sors d'uné maison, qué la terre engloutisse,
Et qu'avec elle encor la nature périsse !
Où, jusqu'au dernier sou, j'ai quitté mon argent.
D'un maudit lansquénet lé caprice outrageant
M'oblige à té prier de vouloir bien mé rendre
Cent louis qué dé moi lé bésoin té fit prendre.
Excuse si jé viens ici t'importuner ;
En l'état où jé suis, on doit tout pardonner.

MÉNECHME.

Je vous pardonne tout ; pardonnez-moi de même,
Si je dis qu'en ce point ma surprise est extrême.
Je ne vous connois point. Comment auriez-vous pu
Me prêter cent louis, ne m'ayant jamais vu?

LE MARQUIS.

Quel est donc cé discours ? il mé passe. À l'entendre...

MÉNECHME.

Le vôtre est-il pour moi plus facile à comprendre?

LE MARQUIS.

Vous né mé dévez pas cent louis?

MÉNECHME.

Non, ma foi ;
Vous les avez prêtés à quelque autre qu'à moi.

LE MARQUIS.

Il né vous souvient pas qu'allant en Allémagne,
Étant vide d'argent pour fairé la campagne,
Sans âne, ni mulet, prêt à démeurer là...

MÉNECHME, *le contrefaisant.*

Jé né mé souviens pas d'un mot dé tout cela.

LE MARQUIS.

Vous vîntes mé trouver pour vous fairé ressource,
Et qué, sans déplacer, jé vous ouvris ma bourse.

MÉNECHME.

À moi? j'aurois perdu le sens et la raison,
De prétendre emprunter de l'argent d'un Gascon.

LE MARQUIS, *montrant Valentin.*

Cet hommé-ci présent peut rendré témoignage :
Il étoit avec vous ; jé rémets son visage.

(*à Valentin.*)

Viens çà, vélître ; parle ; oseras-tu nier
Cé qué son mauvais cœur tâche en vain d'oublier?

VALENTIN.

Monsieur...

LE MARQUIS.

Parle, ou ma main dé fureur possédée...

VALENTIN.

Il m'en vient dans l'esprit quelque confuse idée.

LE MARQUIS.

Quelqué confuse idée? Oh! moi, j'en suis certain.
(*à Ménechme.*)
Çà, monsur, mon argent, ou l'épée à la main.

ACTE IV, SCÈNE V.

MÉNECHME.

Quoi! pour ne vouloir pas vous donner cent pistoles,
Il faut que je me batte?

LE MARQUIS.

Un peu : trêve aux paroles;
Il mé faut des effets : vite, dépêchez-vous.

MÉNECHME.

Je ne suis point pressé : de grace, expliquons-nous.

LE MARQUIS.

Point d'explication; la chose est assez claire.

MÉNECHME.

Mais, monsieur...

LE MARQUIS.

Mais, monsur, il faut mé satisfaire.

MÉNECHME.

Vous satisfaire, moi! Mais je ne vous dois rien :
Faites-nous assigner, nous vous répondrons bien.

LE MARQUIS.

Quand on mé doit, voilà lé sergent qué jé porte.
(*Il met l'épée à la main.*)

MÉNECHME, *à part.*

Juste ciel! quel brutal! Si faut-il que j'en sorte.
(*haut.*)
Combien vous est-il dû?

LE MARQUIS.

L'avez-vous oublié?

Cent louis.

MÉNECHME.
Cent louis! j'en paierai la moitié.
LE MARQUIS.
Qué jé dévienne atome, ou qu'à l'instant jé mure,
Si vous né mé payez lé tout dans un quart d'hure.
VALENTIN, *bas, à Ménechme.*
Il nous tuera tous deux. Quand vous ne serez plus,
De quoi vous serviront soixante mille écus?
Lui n'a plus rien à perdre.
MÉNECHME, *bas, à Valentin.*
Il est pourtant bien rude...
LE MARQUIS.
Qué dé réflexions, et qué d'incertitude!
MÉNECHME.
Si vous êtes si prompt, monsieur, tant pis pour vous:
Il me faut plus de temps pour me mettre en courroux.
Je n'ai pas cent louis, mais en voilà soixante.
(*bas, à Valentin.*)
Tirez-moi de ses mains; faites qu'il se contente.
(*à part.*)
Ah! si je n'avois pas hérité depuis peu,
Je me battrois en diable, et nous verrions beau jeu.
VALENTIN, *au marquis.*
Voilà plus de moitié, monsieur, de votre dette;
Demain l'on vous fera votre somme complète.
LE MARQUIS, *prenant la bourse.*
Adiu, monsur, adiu; jé vous croyois du cur,
Et vous m'aviez fait voir des sentiments d'honnur:

ACTE IV, SCÈNE V.

Mais cette occasion mé prouve lé contraire.
Né m'approchez jamais qué dé loin... Plus d'affaire :
Jé serois dégradé dé noblesse chez nous,
Si j'étois accosté d'un lâche tel qué vous.

SCÈNE VI.

MÉNECHME, VALENTIN.

MÉNECHME.

Je lui conseille encor de me chanter injure !
Où suis-je ? quel pays ! quelle race parjure !
Hommes, femmes, passants, marchands, Gascons, commis,
Pour me faire enrager, tous semblent s'être unis.
Je n'en connois aucun ; et tous, à les entendre,
Sont mes meilleurs amis, et viennent me surprendre.
Allons voir mon notaire ; et sortons, si je puis,
Du coupe-gorge affreux et du bois où je suis.
                                    (*Il s'en va.*)

VALENTIN, *courant après lui.*

Vous ne voulez donc pas que je vous y conduise ?

MÉNECHME.

Je n'ai besoin de vous ni de votre entremise ;
Je vous suis obligé des services rendus :
À tout autre qu'à moi je ne me fierai plus ;
Et j'appréhende encor, dans mon soupçon extrême,
D'être d'intelligence à me tromper moi-même.

SCÈNE VII.

VALENTIN.

Le pauvre diable en a, par ma foi, tout son soûl;
Il faudra qu'il décampe, ou qu'il devienne fou :
Pour peu de temps encor qu'en ces lieux il habite,
De tous ses créanciers mon maître sera quitte.

SCÈNE VIII.

LE CHEVALIER, VALENTIN.

LE CHEVALIER.

Ah! mon cher Valentin, tu me vois hors de moi;
Mon bonheur est si grand, qu'à peine je le croi.
J'ai reçu mon argent : regarde, je te prie,
Des billets que je tiens la force et l'énergie;
Tous billets au porteur, des meilleurs de Paris :
L'un de trois mille écus; l'autre de neuf, de six,
De huit, de cinq, de sept. J'achèterois, je pense,
Deux ou trois marquisats des mieux rentés de France.

VALENTIN.

Quelle aubaine! Le bien vous vient de toutes parts.
De grace, laissez-moi promener mes regards
Sur ces billets moulés, dont l'usage est utile.
La belle impression! les beaux noms! le beau style!
Ce sont là les billets qu'il faut négocier,

ACTE IV, SCÈNE VIII.

Et non pas vos poulets, vos chiffons de papier,
Où l'amour se distille en de fades paroles,
Et qui ne sont partout pleins que de fariboles.

LE CHEVALIER.

Va, j'en connois le prix tout aussi bien que toi ;
Mais jusqu'ici l'usage en fut peu fait pour moi.
J'espère à l'avenir m'en servir comme un autre.

VALENTIN.

Vous ignorez encor quel bonheur est le vôtre ;
Votre frère pour vous vient encor d'être pris.
Le marquis, qui jadis nous prêta cent louis,
Est venu brusquement lui demander la somme.
Votre frère, d'abord, a rembarré son homme ;
Mais lui, sourd aux raisons qu'il a pu lui donner,
A voulu sur-le-champ le faire dégaîner.
Notre jumeau prudent n'en a voulu rien faire ;
Et, mettant à profit mon conseil salutaire,
Il en a délivré plus de moitié comptant,
Que le marquis a pris toujours en rabattant.

LE CHEVALIER.

Je lui suis obligé d'avoir payé mes dettes.

VALENTIN.

Vos obligations ne sont pas si parfaites ;
Car avec Isabelle il vous a mis fort mal.

LE CHEVALIER.

Il l'a vue ?

VALENTIN.

Oui, vraiment. Il est un peu brutal,

Ainsi que j'ai tantôt eu l'honneur de vous dire ;
Il a sur son chapitre étendu la satire,
Et tenu face à face un propos aigre-doux,
Qu'on met sur votre compte, et que l'on croit de vous.
Isabelle est sortie à tel point courroucée...

LE CHEVALIER.

Il faut de cette erreur détromper sa pensée.

SCÈNE IX.

ISABELLE, LE CHEVALIER, VALENTIN.

LE CHEVALIER.

Mais je la vois paroître. Où tournez-vous vos pas,
Madame ? où fuyez-vous ?

ISABELLE, *traversant le théâtre.*

Où vous ne serez pas.

VALENTIN.

Voilà le *quiproquo*.

ISABELLE.

Je vais chez Araminte,
Lui dire que pour vous ma tendresse est éteinte.
Aimez-la, j'y consens ; je fais vœu désormais
De vous fuir comme un monstre, et ne vous voir jamais.

LE CHEVALIER.

Madame...

ISABELLE.

Pour le prix de l'ardeur la plus vive,
Je ne reçois de vous qu'injure et qu'invective ;

ACTE IV, SCÈNE IX.

Je vous parois sans foi, sans esprit, sans appas.

LE CHEVALIER.

Madame, écoutez-moi.

ISABELLE.

Non, je ne comprends pas,
Si brutal que l'on soit, qu'on puisse avoir l'audace
De dire, de sang froid, ces duretés en face.

LE CHEVALIER.

Vous saurez qu'en ces lieux...

ISABELLE.

Je ne veux rien savoir.

LE CHEVALIER.

C'est bien fait.

VALENTIN, *à Isabelle.*

Écoutez, sans tant vous émouvoir.

ISABELLE, *à Valentin.*

Veux-tu que je m'expose encore à ses sottises?

VALENTIN.

Mon Dieu! non. Sans sujet vous en venez aux prises.
Je vais dans un moment dissiper ce soupçon :
Tous deux vous avez tort, et vous avez raison.

ISABELLE.

Oh! pour moi, j'ai raison; toi-même, sois-en juge.

LE CHEVALIER.

Et moi, je n'ai pas tort.

VALENTIN.

Tout ce petit grabuge
Entre vous excité va finir en deux mots.

Monsieur vous a tantôt tenu certains propos
Assez durs, dites-vous?

ISABELLE.

Hors de toute croyance.

LE CHEVALIER.

Moi! je vous ai...

VALENTIN, *au chevalier.*

Paix donc, point tant de pétulance.
Je ne dirai plus rien si vous parlez toujours.
(*à Isabelle.*)
L'homme qui vous a fait d'impertinents discours,
C'est lui, sans être lui; ce n'est que son image,
De taille, de façon, de nom, et de visage;
Et, quoique l'un soit l'autre, ils diffèrent entre eux;
Tous les deux ne font qu'un, et cependant sont deux.
Ainsi c'est l'autre lui, vêtu de ses dépouilles,
Le portrait de monsieur, qui vous a chanté pouilles.

ISABELLE.

De quels contes en l'air me fais-tu l'embarras?

LE CHEVALIER.

Sans l'entendre parler, ne vous emportez pas.

VALENTIN.

La chose, j'en conviens, ne paroît pas trop claire:
Mais sachez que monsieur en ces lieux a son frère,
Frère jumeau, semblable et d'habits et de traits,
Dont la langue a tantôt sur vous lancé ses traits.
Vous l'avez pris pour lui; mais, quoiqu'il soit semblable,
L'autre est un faux brutal; voici le véritable.

ACTE IV, SCÈNE IX.

ISABELLE.

Quelque étrange que soit ce surprenant récit,
Je me plais à le croire; il flatte mon esprit:
L'amour rend ma méprise et juste et raisonnable.

LE CHEVALIER.

Ce courroux à mes yeux vous rend plus adorable.
Souffrez que mon transport...

(*Il veut lui baiser la main.*)

ISABELLE.

Modérez ces desirs.

LE CHEVALIER.

Je me méprends aussi: transporté de plaisirs,
Je pousse un peu trop loin mes tendres entreprises.
Mais d'une et d'autre part oublions nos méprises.

VALENTIN, *montrant la marque du chapeau du chevalier.*

Pour ne vous plus tromper, regardez ce signal;
Il doit dans l'embarras vous servir de fanal.
Mais n'allez pas tantôt, par-devant le notaire,
Épouser l'un pour l'autre, et prendre le contraire:
Vous apprendrez par là quel est le vrai des deux.

ISABELLE.

Mon cœur me le dira bien plutôt que mes yeux.

LE CHEVALIER.

Quoi qu'aujourd'hui le ciel fasse pour ma fortune,
Sans ce cœur, j'y renonce, et je n'en veux aucune.

VALENTIN.

Trève de compliments. Quand vous serez époux,

Il vous sera permis de tout dire entre vous :
La gloire en d'autres lieux vous et moi nous appelle.
Que madame à présent en paix rentre chez elle.
Nous, courons au contrat; et qu'un heureux destin,
Comme il a commencé, mette l'affaire à fin.

FIN DU QUATRIÈME ACTE.

ACTE CINQUIÈME.

SCÈNE I.

ARAMINTE, FINETTE.

FINETTE.

Je vous dis vrai, madame : et je ne saurois croire
Que l'on puisse trouver une ame encor si noire.
Lorsque je l'ai pressé de rendre le portrait,
Il a voulu me battre, et l'auroit, je crois, fait,
Si son valet, plus doux, n'eût écarté l'orage.
Ah! madame, armez-vous d'un généreux courage;
Poursuivez votre pointe, et faites bien valoir
Les droits que la raison met en votre pouvoir.
Vous avez sa promesse, il faut qu'il l'accomplisse.

ARAMINTE.

Si je ne le fais pas, que le ciel me punisse!

FINETTE.

Il n'est plus ici-bas de foi, de probité,
Plus de loi, plus d'honneur, plus de sincérité.
Les filles, en ce temps si souvent attrapées,
Sur la foi des serments avoient été trompées;
Et, voulant mettre un frein au dégoût des amants,

Se faisoient d'un écrit confirmer les serments :
Mais que leur sert d'user de cette prévoyance,
Si les écrits trompeurs n'ont pas plus de puissance ?
Je vois bien maintenant que, dans ce siècle ingrat,
Il ne faut se fier que sur un bon contrat.
Mais c'est notre destin ; toujours, tant que nous sommes,
Nous serons le jouet et les dupes des hommes.

ARAMINTE.

Va, j'ai bien résolu, dans mon cœur courroucé,
De venger, si je puis, tout le sexe offensé.

FINETTE.

Quoi donc ! il ne tiendra, pour engager le monde,
Qu'à venir étaler une perruque blonde !
Une tête éventée, un petit freluquet,
Qui s'admire lui seul, et n'a que du caquet,
Parcequ'il a bon air, et qu'on a le cœur tendre,
Impunément viendra nous plaire et nous surprendre,
Nous fera par écrit sa déclaration,
Sans en venir après à la conclusion !
Non, c'est une noirceur qui crie au ciel vengeance :
Il faut de cet abus réprimer la licence ;
Et, quand ce ne seroit que pour vous en venger,
Il faudroit l'épouser pour le faire enrager.

ARAMINTE.

Mais, s'il ne m'aime point, quel sera l'avantage
Que me procurera ce triste mariage ?

FINETTE.

Est-ce donc pour s'aimer qu'on s'épouse à présent ?

Cela fut bon du temps du monde adolescent;
Et j'en vois tous les jours qui ne font pas un crime
D'épouser sans amour, et même sans estime.
Il faut se marier : vous êtes dans un temps
Où les appas flétris s'effacent pour long-temps.
Ce conseil bienfaisant, que mon zéle vous donne,
Je voudrois l'appliquer à ma propre personne;
Et rester vieille fille est un mal plus affreux
Que tout ce que l'hymen a de plus dangereux.

SCÈNE II.

DÉMOPHON, ISABELLE, ARAMINTE, FINETTE.

DÉMOPHON.

Le hasard justement en ces lieux vous amène;
D'aller jusque chez vous il m'épargne la peine.

ARAMINTE.

Le hasard nous sert donc tous deux également,
Mon frère; car chez vous j'allois pareillement.
Vous m'épargnez des pas.

DÉMOPHON.

Toujours préoccupée,
N'êtes-vous point, ma sœur, encore détrompée?
Et ne voyez-vous pas que votre passion
N'est rien qu'une chimère et pure vision?
Finissez, croyez-moi; n'allez pas davantage

Traverser mes desseins; et montrez-vous plus sage.

ARAMINTE.

Sans rime ni raison vous babillez toujours;
Mais vous savez quel cas je fais de vos discours.
Ménechme m'appartient, et voilà la promesse
Qu'il me fit de sa main, pour marquer sa tendresse.

DÉMOPHON.

Mais jusqu'où va, ma sœur, votre crédulité?

ARAMINTE.

Il est, vous dis-je, à moi; je l'ai bien acheté.
Entendez-vous, ma nièce?

ISABELLE.

Oui, sans doute, ma tante,
J'entends bien.

ARAMINTE.

Sans mentir, vous êtes fort plaisante
De vouloir m'enlever un cœur comme le sien,
Et vous approprier si hardiment mon bien!
Un procédé pareil est sot et malhonnête.

ISABELLE.

Qui pourroit de vos mains ravir une conquête?
Quand on est une fois frappé de vos attraits,
Vos yeux vous sont garants qu'on ne change jamais:
Ce sont ces yeux charmants qui les volent aux autres.

ARAMINTE.

Mes yeux sont, pour le moins, aussi beaux que les vôtres;
Et, lorsque nous voudrons les employer tous deux,
On verra qui de nous y réussira mieux.

DÉMOPHON.
Oh! je suis à la fin bien las de vous entendre.

SCÈNE III.

MÉNECHME, DÉMOPHON, ISABELLE, ARAMINTE, FINETTE.

DÉMOPHON.
Heureusement ici je vois venir mon gendre.
(*à Ménechme.*)
Vous n'amenez donc pas le notaire en ces lieux?
MÉNECHME.
J'ai cherché son logis en vain une heure ou deux,
Et je viens vous prier de m'y vouloir conduire.
Toujours quelque fâcheux a pris soin de me nuire.
DÉMOPHON.
Je l'attends; et je crois qu'il ne tardera pas.
MÉNECHME.
L'un, du bout de la place accourant à grands pas,
Comme le plus chéri de mes amis fidèles,
Me vient de ma santé demander des nouvelles;
Un autre, à toute force, et me serrant la main,
Me veut mener souper au cabaret prochain;
Celui-ci, m'arrêtant au détour d'une rue,
Me force à lui payer une dette inconnue;
Et de tous ces gens-là, me confonde l'enfer,
Si j'en connois aucun, non plus que Lucifer!

ARAMINTE, *à Ménechme.*

Traître! c'en est donc fait; malgré ta foi donnée,
Tu te veux engager dans un autre hyménée,
Malgré tous tes serments, malgré ton premier choix!

MÉNECHME.

Ah! nous y voilà donc encore une autre fois!

ARAMINTE.

Tu me quittes, perfide, ingrat, cœur infidèle!
Tu te fais un plaisir de ma peine cruelle!
Tu me vois expirante, et cédant à mon sort,
Sans donner seulement une larme à ma mort!

(*Elle tombe sur Finette.*)

MÉNECHME.

Cette femme est sur moi rudement endiablée!
Il faut assurément qu'on l'ait ensorcelée.
Faudra-t-il que toujours je sois dans l'embarras
De voir une furie attachée à mes pas?

FINETTE, *à Ménechme.*

Vous, qui pour nous jadis eûtes tant de tendresse,
Verrez-vous dans mes bras expirer ma maîtresse?
Cette pauvre innocente a-t-elle mérité
Qu'on payât son amour de tant de cruauté?

MÉNECHME.

Qu'elle expire en tes bras, que le diable l'emporte,
Et te puisse avec elle entraîner, que m'importe?
Déja, pour mon repos, il devroit l'avoir fait.

ARAMINTE.

Perfide! je me veux venger de ton forfait.

ACTE V, SCÈNE III.

J'ai ta promesse en main; voilà ta signature:
Je puis par ce témoin confondre l'imposture.
      (*Démophon prend la promesse.*)
      MÉNECHME, *à Démophon.*
Elle est folle à tel point qu'on ne peut l'exprimer:
Travaillez au plutôt à la faire enfermer.
      DÉMOPHON, *lui montrant la promesse.*
Mais voilà votre nom « Ménechme. »
                    (*bas.*)
                    En confidence,
Avez-vous avec elle eu quelque intelligence?
C'est ma sœur, et je puis assoupir tout cela.
      MÉNECHME, *à part, à Démophon.*
Moi! si j'ai jamais vu ces deux friponnes-là
(Pardonnez-moi le mot; c'est votre sœur, n'importe),
Je veux bien à vos yeux et devant que je sorte
Que Satan... Lucifer...
      DÉMOPHON, *à part, à Ménechme.*
             Je vous crois sans jurer.
      MÉNECHME.
Cette femme a fait vœu de me désespérer.
  (*à Araminte.*)
Esprit, démon, lutin, ombre, femme ou furie,
Qui que tu sois enfin, laisse-moi, je te prie.

SCÈNE IV.

ROBERTIN, MÉNECHME, DÉMOPHON, ISABELLE, ARAMINTE, FINETTE.

DÉMOPHON.
Ah! monsieur Robertin, vous venez justement,
Et nous vous attendons avec empressement.
ROBERTIN.
Je vois avec plaisir toute la compagnie,
Dans un jour plein de joie, en ce lieu réunie.
Je crois que ma présence ici ne déplaît pas,
Sur-tout à la future : elle a beaucoup d'appas ;
Mais un époux bien fait, tel que l'amour lui donne,
Malgré tous ses attraits, manquoit à sa personne :
Elle n'a maintenant plus rien à desirer.
MÉNECHME.
Si ce n'est d'être veuve, et me voir enterrer :
C'est ce qui met le comble au bonheur d'une femme.
ISABELLE.
De pareils sentiments n'entrent point dans mon ame.
ROBERTIN, *à Isabelle*.
Monsieur ne pense pas aussi ce qu'il vous dit ;
Votre beauté le charme autant que votre esprit.
Je stipule pour lui que c'est un honnête homme.
MÉNECHME, *à Robertin*.
Vous vous moquez, monsieur.

ROBERTIN.

Et dans lui l'on renomme
La franchise du cœur qu'il a par préciput.

MÉNECHME, *à Robertin.*

Je voudrois pouvoir être avec vous but à but.
C'est vous qui des vertus êtes le protocole,
Et pour vous bien louer je n'ai point de parole.

ROBERTIN.

Puisque, comme je crois, vous êtes tous d'accord,
Il nous faut procéder.

ARAMINTE.

Rien ne presse si fort.
À ce bel hymen, moi, s'il vous plaît, je m'oppose;
Et j'en ai dans les mains une très juste cause.

DÉMOPHON.

Vous direz vos raisons et vos griefs demain,
Ma sœur. Ne laissons pas d'aller notre chemin.

ROBERTIN.

Voici donc le contrat...

MÉNECHME.

Mais, monsieur le notaire,
Avant tout, finissons une certaine affaire,
Qui plus que celle-là me tient sans doute au cœur.

ROBERTIN.

Tout ce qui vous convient est toujours le meilleur.
Je n'aurois pas usé de tant de diligence,
Si vous n'étiez venu chez moi me faire instance
De vouloir achever le contrat au plutôt.

MÉNECHME.

Vous m'avez vu chez vous?

ROBERTIN.

Oui, monsieur.

MÉNECHME.

Quand?

ROBERTIN.

Tantôt...

MÉNECHME.

Qui? moi? moi?

ROBERTIN.

Vous; oui, vous. Au logis où j'habite
Vous m'avez fait l'honneur de me rendre visite;
Mais je l'ai bien payé. Soixante mille écus
N'ont pas rendu vos pas ni vos soins superflus.

MÉNECHME.

Entendons-nous un peu. Que voulez-vous donc dire?

ROBERTIN.

Vous vous divertissez, vous avez de quoi rire.

MÉNECHME.

Je ne ris nullement, et me fâche à la fin.
Ne vous nommez-vous pas, s'il vous plaît, Robertin?

ROBERTIN.

Oui, l'on me nomme ainsi.

MÉNECHME.

N'êtes-vous pas notaire?

ROBERTIN.

Et de plus honnête homme.

ACTE V, SCÈNE IV.

MÉNECHME.

Oh! c'est une autre affaire.
N'avez-vous pas chez vous soixante mille écus
À moi?

ROBERTIN.

Je les avois; mais je ne les ai plus.

MÉNECHME.

Comment donc?

ROBERTIN.

N'est-ce pas Ménechme qu'on vous nomme?

MÉNECHME.

Sans doute.

ROBERTIN.

C'est à vous que j'ai remis la somme,
En bon argent comptant, ou billets au porteur,
Dont j'ai votre quittance; et c'est là le meilleur.

MÉNECHME.

Quoi! monsieur, vous auriez le front et l'insolence...

ROBERTIN.

Quoi! monsieur, vous auriez l'audace et l'impudence...

MÉNECHME.

De dire que j'ai pris soixante mille écus?

ROBERTIN.

De nier hardiment de les avoir reçus?

MÉNECHME.

Voilà, je le confesse, un homme abominable.

ROBERTIN.

Voilà, je vous l'avoue, un fourbe détestable.

LES MÉNECHMES.

DÉMOPHON, *se mettant entre deux.*

Eh! messieurs, doucement; je suis pour vous honteux,
Et je ne sais ici qui croire de vous deux.

ISABELLE.

Monsieur pourroit-il bien avoir l'ame assez noire?...

ARAMINTE.

Oui, c'est un scélérat qui du crime fait gloire.

FINETTE.

Faites-lui son procès; et, s'il en est besoin,
Je servirai toujours contre lui de témoin.

SCÈNE V.

MÉNECHME, VALENTIN, DÉMOPHON, ARAMINTE, ISABELLE, ROBERTIN, FINETTE.

VALENTIN.

Eh! qu'est-ce donc, messieurs? Voilà bien du grabuge!

MÉNECHME, *montrant Valentin.*

De notre différent cet homme sera juge;
Il ne m'a point quitté, je m'en rapporte à lui.
Qu'il parle.

(*à Valentin.*)

Ai-je reçu quelque argent aujourd'hui
De monsieur que voilà?

VALENTIN.

Sans doute, en belle espèce:
Soixante mille écus, que votre oncle vous laisse,

ACTE V, SCÈNE V.

Vous ont été comptés en argent ou valeur.

MÉNECHME, *le prenant au collet.*

Ah! maudit faux témoin! malheureux imposteur!
Tu peux soutenir...

VALENTIN.

Oui, je soutiens que la somme
A tantôt été mise entre les mains d'un homme
Semblable à vous d'habit, de mine, de hauteur,
Qui prétend épouser la fille de monsieur;
Il s'appelle Ménechme, il est de Picardie;
Et, si vous le niez, c'est une perfidie.
Je lèverai la main de tout ce que j'ai dit.

ROBERTIN, *à Démophon.*

Vous voyez, s'il se peut un plus méchant esprit,
Plus noir, plus scélérat! Hélas! qu'alliez-vous faire?
Je vous embarquois là dans une belle affaire!

DÉMOPHON, *à Ménechme.*

Je vous prenois, monsieur, pour un homme de bien,
Mais je vois à présent que vous ne valez rien.

ARAMINTE.

Après ce qu'il m'a fait, il n'est point d'injustice,
De crimes, de noirceurs, dont il ne soit complice.

FINETTE, *à Ménechme.*

Traître! te voilà donc à la fin confondu!
Sans autre procédure il faut qu'il soit pendu.

MÉNECHME.

Non, je ne pense pas que l'enfer soit capable
De vomir sur la terre, en sa rage exécrable,

Des hommes, des démons si méchants que vous tous;
Et... je ne puis parler, tant je suis en courroux.

SCÈNE VI.

LE CHEVALIER, MÉNECHME, DÉMOPHON, ARAMINTE, ISABELLE, ROBERTIN, VALENTIN, FINETTE.

LE CHEVALIER, *à part.*

Ma présence, je crois, est ici nécessaire
Pour découvrir le fond d'un surprenant mystère.

DÉMOPHON, *apercevant le chevalier.*

Qu'est-ce donc que je vois?

ROBERTIN, *apercevant le chevalier.*

Quel prodige en ces lieux!

ARAMINTE, *apercevant le chevalier.*

Quelle aventure, ô ciel! Dois-je en croire mes yeux?

FINETTE, *apercevant le chevalier.*

Madame, je ne sais si j'ai le regard trouble,
Si c'est quelque vapeur, mais enfin je vois double.

MÉNECHME, *apercevant le chevalier.*

Quel objet se présente, et que me fait-on voir?
C'est mon portrait qui marche, ou bien c'est mon miroir.

LE CHEVALIER, *à Ménechme.*

Pourquoi prendre, monsieur, mon nom et ma figure?
Je m'appelle Ménechme, et c'est me faire injure.

MÉNECHME, *à part.*

Voilà, sur ma parole, encor quelque fripon!

ACTE V, SCÈNE VI.

(*au chevalier.*)

Et de quel droit, monsieur, me volez-vous mon nom ?
Je ne m'avise point d'aller prendre le vôtre.

LE CHEVALIER.

Pour moi, dès le berceau je n'en ai point eu d'autre.

MÉNECHME.

Mon père, en son vivant, se fit nommer ainsi.

LE CHEVALIER.

Le mien, tant qu'il vécut, porta ce nom aussi.

MÉNECHME.

En accouchant de moi l'on vit mourir ma mère.

LE CHEVALIER.

La mienne est morte aussi de la même manière.

MÉNECHME.

Je suis de Picardie.

LE CHEVALIER.

    Et moi pareillement.

MÉNECHME.

J'avois un certain frère, un mauvais garnement,
Et dont depuis quinze ans je n'ai nouvelle aucune.

LE CHEVALIER.

Du mien, depuis ce temps, j'ignore la fortune.

MÉNECHME.

Ce frère, étant jumeau, dans tout me ressembloit.

LE CHEVALIER.

Le mien est mon image, et qui me voit le voit.

MÉNECHME.

Mais vous qui me parlez, n'êtes-vous point ce frère ?

LE CHEVALIER.
C'est vous qui l'avez dit: voilà tout le mystère.
MÉNECHME.
Est-il possible? ô ciel!
LE CHEVALIER.
Que cet embrassement
Vous témoigne ma joie et mon ravissement.
Mon frère, est-ce bien vous? Quelle heureuse rencontre!
Se peut-il qu'à mes yeux la fortune vous montre?
MÉNECHME.
Mon frère, en vérité... je m'en réjouis fort:
Mais j'avois cependant compté sur votre mort.
FINETTE, à *Araminte*.
En tout ceci, madame, il n'y va rien du nôtre;
Quoi qu'il puisse arriver, nous aurons l'un ou l'autre.
DÉMOPHON.
L'incident que je vois, certes, n'est pas commun.
(*à Isabelle.*)
Il te faut un époux; en voilà deux pour un;
Choisis le bon pour toi, ma fille, et te contente.
ISABELLE, *reconnoissant la marque du chapeau du chevalier.*
Puisque vous m'accordez le choix qui se présente,
Portée également de l'une et l'autre part,
(*Elle donne la main au chevalier.*)
Je prends monsieur: il faut en courir le hasard.
ARAMINTE, *prenant Ménechme par le bras.*
Et moi, je prends monsieur.

MÉNECHME, *à Araminte.*
                           Il semble, à vous entendre,
Que vous n'ayez ici qu'à vous baisser et prendre.
    VALENTIN, *prenant Finette par le bras.*
Puisque chacun ici prend ce qui lui convient,
Par droit d'aubaine aussi, Finette m'appartient.
    ROBERTIN, *prenant les deux frères par le bras.*
Moi, je vous prends tous deux. Je veux que l'on m'instruise
En quelles mains enfin cette somme est remise.
L'un de vous a touché soixante mille écus.
    LE CHEVALIER, *à Robertin.*
N'en soyez point en peine, et je les ai reçus.
C'est moi qui, pour la mienne, ayant pris sa valise,
Ai su me prévaloir d'une heureuse méprise;
C'est lui qui, pour un legs, vient d'arriver ici;
C'est moi qu'on a cru mort, et qui m'en suis saisi;
C'est moi qui, dans l'ardeur d'une feinte tendresse,
    (*montrant Araminte.*)
À madame autrefois ai fait une promesse;
Et c'est moi qui depuis, brûlant des plus beaux feux,
À l'aimable Isabelle ai porté tous mes vœux.
    MÉNECHME.
Vous m'avez donc trahi, vous, monsieur le notaire?
    ROBERTIN.
Je n'ai rien fait de mal dans toute cette affaire:
Et j'ai du testateur suivi l'intention.
Il laisse à son neveu cette succession:
Monsieur l'est comme vous; vous n'avez rien à dire.

LE CHEVALIER.

Aux arrêts du destin, mon frère, il faut souscrire :
Mais vous aurez bientôt tout lieu d'être content,
Pourvu que, sans éclat, vous vouliez à l'instant,
En épousant madame, acquitter ma parole.

MÉNECHME.

Comment donc! voulez-vous que j'épouse une folle?

ARAMINTE, *au chevalier.*

Et de quel droit, monsieur, me faites-vous la loi?
Je vous trouve plaisant de disposer de moi!

LE CHEVALIER, *à Ménechme et à Araminte.*

Suivez tous deux l'avis d'un homme qui vous aime.
Vous vouliez m'épouser; c'est un autre moi-même.
Et pour vous faire voir quelle est mon amitié,
De la succession recevez la moitié :
Que trente mille écus facilitent l'affaire.

MÉNECHME, *embrassant le chevalier.*

À ce dernier trait-là je reconnois mon frère.

(*à Araminte.*)

Çà, ma reine, épousons, malgré notre discord.
Nous nous sommes tous deux chanté pouilles à tort,
Moi vous nommant friponne, et vous m'appelant traître :
Nous n'avions pas, pour lors, l'honneur de nous connoître.
Bien d'autres, avant nous, en formant ce lien,
S'en sont dit tout autant, et se connoissoient bien.

FINETTE.

Moi, quand ce ne seroit que pour la ressemblance,
Je voudrois l'épouser, sans tant de résistance.

ACTE V, SCÈNE VI.

ARAMINTE.

Si je pouvois un jour me résoudre à ce choix,
Je le ferois exprès pour vous punir tous trois.
Vous n'avez, je le vois, que mon bien seul en vue;
Mais, en me mariant, votre attente est déçue.
Oui, je l'épouserai, pour me venger de vous,
Lui donner tout mon bien, et vous désoler tous.

MÉNECHME.

Ce sera très bien fait.

DÉMOPHON, *au chevalier.*

Vous, acceptez ma fille,
Puisqu'un coup du hasard vous met dans ma famille.
Je voulois un Ménechme; en lui donnant la main,
Vous ne changerez rien à mon premier dessein.

LE CHEVALIER.

Dans l'excès du bonheur que le destin m'envoie,
Mon cœur ne peut suffire à contenir sa joie.

VALENTIN.

Chacun, Finette, ici songe à se marier;
Marions-nous aussi, pour nous désennuyer.

FINETTE.

À ne t'en pas mentir, j'en aurois grande envie;
Mais je crains...

VALENTIN.

Que crains-tu?

FINETTE.

De faire une folie.

VALENTIN.

J'en fais une cent fois bien plus grande que toi,
Et je ne laisse pas de te donner ma foi.

(*aux auditeurs.*)

Messieurs, j'ai réussi dans l'hymen qui s'apprête;
De myrte et de laurier je vais ceindre ma tête:
Mais si je méritois vos applaudissements,
Ce jour mettroit le comble à mes contentements.

FIN DU TOME SECOND.

TABLE DES PIÈCES

CONTENUES

DANS LE TOME SECOND.

Démocrite, comédie. Page 1
Le Retour imprévu, comédie. 107
Les Folies amoureuses, comédie. 159
   Prologue. 161
Le Mariage de la Folie, comédie. 251
Les Ménechmes, ou les Jumeaux, comédie. 277
   Épître à M. Despréaux. 278
   Prologue. 281

FIN DE LA TABLE DU TOME SECOND.

www.ingramcontent.com/pod-product-compliance
Lightning Source LLC
Chambersburg PA
CBHW071857230426
43671CB00010B/1378